Psychologie für Studium und Beruf

Diese Buchreihe zu den Grundlagen- und Anwendungsfächern der Psychologie wird herausgegeben in Kooperation zwischen dem Onlinestudium des Fachbereiches Onlineplus an der Hochschule Fresenius und dem Springer-Verlag. Alle Titel dieser Reihe wurden zunächst als Studienbriefe für die Fernlehre konzipiert und dann von den Autorinnen und Autoren für die Veröffentlichung in Buchform umgearbeitet. Dabei wurde die handliche, modulare Einteilung der Themen über die einzelnen Bände beibehalten – Leserinnen und Leser können so ihr Buchregal sehr gezielt um die Themen ergänzen, die sie interessieren. Dabei wurde größter Wert auf die didaktische und inhaltliche Qualität gelegt sowie auf eine äußerst unterhaltsame und alltagsnahe Vermittlung der Inhalte. Die Titel der Reihe richten sich an Studierende, die eine praxisnahe, verständliche Alternative zu den klassischen Lehrbüchern suchen, an Praktikerinnen und Praktiker aller Branchen, die im Arbeitsleben von psychologischem Know-how profitieren möchten, sowie an alle, die sich für die vielfältige Welt der Psychologie interessieren.

Weitere Bände in der Reihe: http://www.springer.com/series/16425

Vjenka Garms-Homolová

Sozialpsychologie der Einstellungen und Urteilsbildung

Lässt sich menschliches Verhalten vorhersagen?

Vjenka Garms-Homolová
Berlin, Deutschland

Teile des Werkes sind vorab publiziert worden in: Garms-Homolová, V. (o. J.): Von der
Kunst Leute zu durchschauen. Woher kommen meine und fremde Haltungen? Einstellungen
und Urteilsbildung. Studienbrief der Hochschule Fresenius online plus GmbH. Idstein:
Hochschule Fresenius online plus GmbH. Mit freundlicher Genehmigung von © Hochschule
Fresenius online plus GmbH.

ISSN 2662-4826   ISSN 2662-4834   (electronic)
Psychologie für Studium und Beruf
ISBN 978-3-662-62433-3   ISBN 978-3-662-62434-0   (eBook)
https://doi.org/10.1007/978-3-662-62434-0

Die Deutsche Nationalbibliothek verzeichnet diese Publikation in der Deutschen Nationalbibliografie;
detaillierte bibliografische Daten sind im Internet über http://dnb.d-nb.de abrufbar.

Planung/Lektorat: Joachim Coch, Judith Danziger

Springer ist ein Imprint der eingetragenen Gesellschaft Springer-Verlag GmbH, DE und ist ein Teil von
Springer Nature.
Die Anschrift der Gesellschaft ist: Heidelberger Platz 3, 14197 Berlin, Germany

Ihr Bonus als Käufer dieses Buches

Als Käufer dieses Buches können Sie kostenlos unsere Flashcard-App
„SN Flashcards" mit Fragen zur Wissensüberprüfung und zum Lernen von Buch-
inhalten nutzen. Für die Nutzung folgen Sie bitte den folgenden Anweisungen:

1. Gehen Sie auf **https://flashcards.springernature.com/login**
2. Erstellen Sie ein Benutzerkonto, indem Sie Ihre Mailadresse
   angeben, ein Passwort vergeben und den Coupon-Code
   einfügen.

Ihr persönlicher „SN Flashcards"-App Code   67EF5-B2A07-C7BC5-5D1EC-4DD02

Sollte der Code fehlen oder nicht funktionieren, senden Sie uns bitte eine E-Mail
mit dem Betreff **„SN Flashcards"** und dem Buchtitel an **customerservice@
springernature.com.**

Inhaltsverzeichnis

Über die Autorin

Dr. Vjenka Garms-Homolová
Diplompsychologin, ist emeritierte Professorin für Gesundheitsmanagement an der Alice Salomon Hochschule und Honorarprofessorin für Theorie und Praxis der Versorgungsforschung an der Technischen Universität Berlin. Sie ist Autorin und Ko-Autorin von gut 280 wissenschaftlichen und populären Publikationen. Als interRAI-Fellow kooperiert sie mit einem weltweiten Netzwerk von Forscherinnen und Forschern an der Entwicklung und Implementation standardisierter Assessments für verschiedene Versorgungssettings (interrai.org).

Einstellung: Begriff, Konzepte und praktische Bedeutung

Von der Kunst, Leute zu durchschauen und ihr Verhalten vorherzusagen I

Inhaltsverzeichnis

Die Ausführungen in diesem Kapitel basieren etwa zu einem Drittel auf dem Studienbrief von Garms-Homolová, V. (o. J.): Von der Kunst Leute zu durchschauen. Woher kommen meine und fremde Haltungen? Einstellungen und Urteilsbildung. Studienbrief der Hochschule Fresenius online plus GmbH. Idstein: Hochschule Fresenius online plus GmbH.

© Springer-Verlag GmbH Deutschland, ein Teil von Springer Nature 2020
V. Garms-Homolová, *Sozialpsychologie der Einstellungen und Urteilsbildung*, Psychologie für Studium und Beruf, https://doi.org/10.1007/978-3-662-62434-0_1

In diesem Band werden „Einstellungen" thematisiert. Dieser Begriff ist vielumfassend. Er drückt gefühlsmäßige Bewertungen aus (mögen oder nicht mögen) oder auch rationale Urteile und drittens Verhaltensabsichten des Einstellungsträgers. Menschen fragen sich: „Kann ich das, was andere Menschen mir gegenüber äußern und wie sie mich bewerten, für eine bare Münze halten?" „Kann ich darauf vertrauen, dass sich meine Mitmenschen so zu mir verhalten werden, wie sie sich jetzt äußern?" Einstellungen zeichnen sich durch verschiedene Merkmale aus, vor allem Stabilität und Instabilität, zudem durch Inkonsistenz und Ambivalenz, die sogar zu Einstellungskonflikten und ebenso zum inkonsistenten Verhalten führen können. Einstellungen sind funktional. Sie sind Instrumente, die helfen, unsere Beziehungen zu unseren Mitmenschen zu steuern und unsere Position in der Gesellschaft zu festigen.

> **Nach eingehender Lektüre dieses Kapitels können Sie ...**
> - den Begriff der Einstellung definieren und dabei mindestens zwei bis drei Definitionen präsentieren,
> - die Unterschiede und/oder Gemeinsamkeiten zwischen diesen Definitionen herausarbeiten,
> - darstellen, wie sich die Einstellungsforschung entwickelt hat und warum das Phänomen Einstellung von einer so hohen praktischen Relevanz ist,
> - das „Drei-Komponenten-Modell" (Rosenberg und Hovland 1960) vorstellen,
> - die Funktionen von Einstellungen im individuellen Bedürfnissystem erläutern.

1.1 Einleitung mit Ausblick auf nachfolgende Kapitel dieses Bandes

Dieses ist das einführende Kapitel zum Thema Einstellungen. Ausgehen von der Darstellung der Tradition dieses Forschungszweiges setzen wir uns mit den grundlegenden Begriffen und Konzepten auseinander. Zudem diskutieren wir, welche Funktion Einstellungen für das Individuum in verschiedenen sozialen Kontexten haben können.

Einstellungen haben in der Sozialpsychologie einen hohen Stellenwert und werden von verschiedenen Perspektiven untersucht. Deshalb kann die Thematik nicht auf wenigen Seiten eines einzigen Kapitels abgehandelt werden. In dieser Einleitung wollen wird zeigen, welche Schwerpunkte in den insgesamt vier Kapiteln gesetzt werden, die Einstellungen behandeln.

Gleich zu Beginn, nämlich noch in diesem ersten Kapitel, wird gezeigt, dass die Einstellungsforschung auf eine vergleichsweise bedeutende Tradition in der Sozialpsychologie zurückblickt. Seit gut hundert Jahren wurden Konzepte und Modelle der Funktion von Einstellungen entwickelt. Seit Mitte des zwanzigsten Jahrhunderts begannen Sozialpsychologinnen und Sozialpsychologen die Relation zwischen der Einstellung und dem Verhalten zu erforschen. Sie interessierten sich für die prognostische Fähigkeit von Einstellungen. Wie weit realisieren sich die individuellen Bewertungen und Präferenzen (also Einstellungen) im Verhalten dieses Individuums? Kann man das Verhalten auf der Basis von Einstellungen vorhersagen? Diese

1

Fragen waren speziell für Konsumforscherinnen/Konsumforscher sehr relevant. Sie hofften, dass sie aus Erhebungen von Einstellungen zu Produkten, Dienstleistungen oder auch Herstellern erfahren, ob sich die Befragten für bestimmte Produkte und Dienste entscheiden würden.

Die Beziehung zwischen Einstellungen und dem Verhalten wird im zweiten Kapitel dieses Bandes untersucht. Dabei wird das Schwergewicht auf die von Leon Festinger formulierte Theorie der kognitiven Dissonanz gelegt. Sie beruht auf der Annahme, dass Menschen eine Dissonanz oder ein Unwohlsein empfinden, wenn ihre Einstellungen und Verhalten nicht miteinander korrespondieren. Dieses Empfinden von Dissonanz manifestiert sich insbesondere in Entscheidungssituationen. Festinger zeigte, dass Menschen immer bemüht sind, ihre Einstellungen und ihr Verhalten in Einklang zu bringen, um die empfundene Dissonanz zu reduzieren (Festinger 2012).

Zur Tradition der Einstellungsforschung gehört auch die Erforschung von Vorurteilen. Schließlich ist ein Vorurteil auch eine Einstellung (Allport, 1971), nämlich die „Neigung", Menschen und Gegenstände „in Abhängigkeit von eigenen Gefühlen und Überzeugungen zu bewerten" (Zimbardo und Gerrig 1996, S. 521). Im Falle des Vorurteils ist die Bewertung meistens (aber nicht ausschließlich) negativ. Der zweite Weltkrieg und der Antisemitismus in Europa forcierten die Einstellungs- und Vorurteilsforschung. Viele Forschende widmeten sich der Frage, ob und wie man Vorurteile abbauen oder abmildern könnte. Die entsprechenden Forschungsergebnisse werden im Kapitel drei diskutiert.

Mehrere theoretische Modelle der Einstellungs- und Verhaltensänderung kommen zu Sprache, zunächst die Theorie des geplanten Verhaltens (Theory of Planned Behavior – Ajzen 1985), die postuliert, dass es bewusster Verhaltensabsichten bedarf, um Einstellungen zu verändern. Andere Theorien arbeiten nicht ausschließlich mit kognitiven Kategorien, sondern auch mit unbewussten Impulsen.

Einen bedeutenden Einfluss auf Einstellungsänderung jedoch auch auf die Erhaltung erwünschter Einstellungen hat die Kommunikation (Six 2007). Petty und Cacioppo (1986) entwickelten das Elaboration-Likelihood-Model (ELM). Es zeigt, wie eine effektive Kommunikation aussehen muss, um eine erfolgreiche Überzeugung (Persuasion) zur Einstellungsänderung und -erhaltung zu leisten. Zwei Wege führen dazu. Sie unterscheiden sich nach individuellen Fähigkeiten zur Informationsbeschaffung und Informationsverarbeitung.

Auch die Chancen der Einstellungsänderung unter Druck und Zwang werden im Kapitel drei behandelt. Damit befasst sich die Reaktanz-Theorie. Sie zeigt, dass sozialer Druck vor allem eine Opposition erzeugen kann, zumal die meisten Menschen bemüht sind, ihre Handlungsfreiheit und Entscheidungsfreiheit zu erhalten. Unter Druck und Zwang entwickelt sich das sogenannte Widerstandsmotiv – eine menschliche Tendenz, sich genau gegensätzlich zu verhalten als unter Druck verlangt wird.

Das vierte Kapitel ist den Grundsätzen der Einstellungsmessung gewidmet. Das wichtigste Instrument zur Erfassung von Einstellungen ist der Fragebogen. Fragebögen sind keine „objektiven" Messinstrumente: sie sind subjektiv, was zu zahlreichen Verzerrungen führen kann. Ein spezielles Thema ist die Erforschung impliziter, nicht kognitiv gesteuerter Einstellungen. Diese beruhen auf unbewussten Reaktionen, die sich nicht direkt erfragen lassen. Sie müssen „indirekt gemessen" werden (Rudolph et al. 2006).

1.2 Eine kleine Sprachkunde

Der Begriff Einstellung wird in den verschiedensten Zusammenhängen verwendet. Im Kontext der Sozialpsychologie kann er

- sehr kurzzeitige und schnell veränderbare beziehungsweise „aufhebbare" Orientierung darstellen. Mit „aufhebbar" ist nicht nur eine kleine, allmähliche Änderung gemeint. Möglich ist, dass sich die kurzzeitige Einstellung schnell in eine völlig gegenteilige Einschätzung und Meinung verändern kann (Mummendey und Grau 2014, S. 26): je nach Kontext, das heißt Situation und Umgebung, in der sich die diese Einstellung äußernde Person gerade befindet;
- eine grundsätzliche, längerfristige, stark festgelegte Orientierung repräsentieren. Ein Beispiel: Herrn Beyer's Haltung gegenüber Religionen jeder Art war sein Leben lang ablehnend.

Diese Bedeutung, die man mit den Adjektiven: längerfristig, festgelegt und stabil beschreiben kann, hat sich in der deutschsprachigen Sozialpsychologie eingebürgert. Mummendey und Grau (2014) meinen, dass sie dem Begriff „Attitude" im amerikanischen Englisch entspricht. The Attitude bezeichnet die Art und Weise, wie sich ein Individuum in seinen Gedanken, Gefühlen, Bewertungen und Intentionen auf ein soziales Objekt richtet. Das offen beobachtbare Verhalten gehört nicht dazu, höchstens aber die (Verhaltens-)Absichten.

In diesem Band geht es um die Einstellung in diesem Sinne **von Attitude**. Die genannten Charakteristika (relativ stabil, langfristig usw.) finden sich in den Definitionen des folgenden Abschnitts.

1.3 Wie wird die Einstellung definiert?

Eine Einstellung ist eine allgemeine Bewertung von sich selbst (Eigenbewertung) oder von anderen (Fremdbewertung), von Objekten und Situationen (Thurstone 1928). Diese allgemeinen Bewertungen basieren auf Erfahrungen, die das menschliche Verhalten, die Emotionen und Affekte sowie die kognitiven Prozesse beeinflussen. Wir können jemanden positiv bewerten, weil er/sie schön ist, er/sie uns ein wertvolles Geschenk machte, er/sie gut singen kann oder weil er/sie demnächst für das Amt des Bundespräsidenten kandidieren will.

Sehr viele Autoren bemühten sich seit mehreren Jahrzehnten, den Begriff Einstellung einzugrenzen und zu definieren – die Anzahl der Definitionen ist beinahe unüberschaubar. Nachfolgend finden sich einige „klassische" Definitionen, in denen jeweils unterschiedliche Aspekte des Begriffs Einstellung betont werden.

» „Einstellung ist ein Prozess des individuellen Bewusstseins, der das reale oder mögliche Handeln des Individuums in der sozialen Welt determiniert." (Thomas und Znaniecki 1918/1958, S. 221).

» „Einstellung ist eine geistige und neurale Bereitschaft eines Individuums, auf alle Objekte und Situationen zu antworten, die durch Erfahrungen hervorgerufen wird

1

und die einen steuernden oder dynamischen Einfluss auf eben diese Antworten aus-
übt" (Allport 1935, S. 810).

» „Attitude is the affect for or against a psychological object" (Thurstone 1931,
S. 261).

» „Einstellungen werden als Prädispositionen definiert, auf bestimmte Klassen von
Objekten in einer spezifischen Weise zu antworten. Die Art der Antwort kann kognitiv oder affektiv sein oder im Verhalten bestehen." (Rosenberg und Hovland
1960).

» „Einstellung ist eine erlernte Neigung, Klassen von Gegenständen oder Menschen
in Abhängigkeit von den eigenen Überzeugungen und Gefühlen ‚günstig' oder ‚un-
günstig' zu bewerten." (Zimbardo und Gerrig 1996, S. 521).

» „Als ‚Einstellungen' bezeichnet man Bewertungen von Sachverhalten, Menschen,
Gruppen und anderen Arten von Objekten unserer sozialen Welt." (Jonas et al.
2014, S. 198).

Die amerikanische Tradition betont die **sozialen Aspekte von Einstellungen** (siehe
Definition von Thomas und Znaniecki 1918/1958). In den Definitionen von Allport (1935) ist die Einstellung nicht nur „geistig", sondern ebenso „neural" basiert.
Rosenberg und Hovland (1960) betrachten – ähnlich wie Allport (1935) – die Einstellung als eine Antwort (Reaktion) auf bestimmte Reize; sie beinhaltet kognitive
und affektive Komponenten, aber auch Verhaltenskomponenten. Die Feststellung,
dass die Einstellung eine **Bewertung** (positiv/negativ) ist und dass sie Gefühle aus-
drückt (Lust/Unlust), findet man in ganz vielen Definitionen, hier stellvertretend in
der von Zimbardo und Gerrig (1996). Die „Bewertungstendenz" findet sich auch in
anderen Definitionen (z. B. bei Eagly und Chaiken 1993, S. 1). Entsprechend sagt
man, dass Einstellungen einen *„evaluativen Charakter"* haben.

1.4 Anmerkungen zur Tradition der Einstellungsforschung

Die Literatur zu Einstellungen ist sehr reich und vielfältig. „Insbesondere seit dem
Beginn des 20. Jahrhunderts wurde über Einstellungen viel geforscht und geschrie-
ben" (Mummendey und Grau 2014, S. 26).

Lange Jahre – vom Anfang der 1930er- bis in die 1960er-Jahre, also während
der ersten Blütezeit der Sozialpsychologie – wurden die Einstellungsforschung von
der Vorstellung geleitet, dass die Einstellung eine Voraussetzung für das Verstehen
von Verhalten ist. Befragte man Zielpersonen über Einstellungen und Überzeugungen, wollte man in Wirklichkeit das tatsächliche Verhalten entschlüsseln.

Die Bewegründe für diese Forschungsorientierung wandelten sich im Verlauf
der Zeit. Ende der 1920er-Jahren entdeckte man die Bedeutung von Einstellungen
für die Wirtschaft, konkret für die *Konsumforschung und Marketing.* Es war viel-
versprechend, Einstellungsbefragungen durchzuführen und daraus Vorhersagen
des Kaufverhaltens abzuleiten.

In den weiteren Jahrzehnten ging es um die Beeinflussbarkeit politischer Einstellungen. Insbesondere im zweiten Weltkrieg gewannen Einstellungen an Bedeutung. Es waren politische Ansichten sowie Einstellungen zu Mitbürgerinnen/Mitbürgern und zu anderen Personen aus anderen Ethnien oder Nationen.

Der zweite Weltkrieg war nicht nur auf die Kriegsführung mit Waffen begrenzt. Gekämpft wurde auch mit den Mitteln der (Massen-)Kommunikation und politischen Propaganda. Das ist eine Kommunikationsform, bei der die Aussagen öffentlich, durch Medien, indirekt und einseitig (von Sender zum Empfänger) verbreitet werden (Six et al. 2007, S. 23 ff).

Verschiedene sozialpsychologische Ansätze, etwa die Methode der Mikro-Analyse von dem Psychologen Carl I. Hovland (1912–1961), kam gerade zur rechten Zeit auf. Hovland forschte über die „*Persuasive Communication*", also die Kommunikation, mit der man überzeugen und überreden kann. Er wollte klären, ob die Persuasion wirklich geeignet ist, menschliche Einstellungen, das Verhalten und zugleich auch die Wertorientierungen zu verändern (Hovland und Lumsdaine 1949).

Die Forschungsgruppe um Carl I. Hovland identifizierte in zahlreichen Experimenten tatsächlich die Bedingungen, unter denen eine Einstellungsänderung möglich ist beziehungsweise verhindert werden kann. Seine „Yale-Experimente" sind heute noch die Grundlage für verschiedene Theorien und Anwendungen, z. B. im Bereich der Gesundheitsförderung und der Arbeit mit jugendlichen Delinquenten. Die Bezeichnung „Yale-Experimente" wurde von der prominenten Yale-Universität in den USA übernommen, wo Carl Hovland lehrte. Hovlands Untersuchungen lieferte die Grundlagen für die Forschung über soziale Vorurteile.

Nach 1960 begann das Interesse an Einstellungen etwas zu schwinden, wofür es mehrere Gründe gab. Der wichtigste Grund war die Erkenntnis, dass Einstellungen nicht „direkt in das Verhalten übersetzt" werden können. Die Behavioristen, also Psychologinnen und Psychologen, die sich mit dem Verhalten beschäftigen, zeigten, dass es durchaus auch umgekehrt funktioniert: Wenn das Verhalten eines Menschen verändert wird, ändern sich vielfach auch die Einstellungen dieses Menschen.

Das Nachlassen der Einstellungsforschung war auch der großen Anzahl von Untersuchungen geschuldet. Je mehr Einstellungsstudien „auf den Markt kamen", desto mehr Widersprüchlichkeiten wurden offenbar. Es zeigte sich, dass sich die Forschenden nicht einigen können, speziell hinsichtlich der Beeinflussbarkeit von Einstellungen. Aus dem reichhaltigen Forschungsbestand blieben am Ende nur wenige konsistente Resultate darüber, wie man erreicht, dass sich Einstellungen (meist ging es um Vorurteile) verändern. Erst Ende der 1970er-Jahre kam eine neue Aufmerksamkeit für das Thema Einstellungen in der psychologischen Forschung auf.

1.5 Arten und Komponenten von Einstellungen

Einstellungen werden meisten nach dem „Einstellungsobjekt" unterschieden, auf das sie sich richten. Das Wort „Objekt" hat in diesem Zusammenhang eine breite Bedeutung. Auch Situationen, Personen, Politik oder Kunst gehören dazu (vgl. die Definition

1

von Jonas et al. 2014, S. 198). Es gibt berufliche Einstellungen, die Arbeitseinstellung, politische Überzeugungen, interaktionsorientierte Einstellungen usw.

Lange Jahre stand die Beziehung **Einstellung und Verhalten** im Zentrum der Aufmerksamkeit von Psychologinnen und Psychologen. Diese Beziehung wurde ziemlich mechanistisch interpretiert. Es wurde angenommen, dass bestimmte Einstellungen zu erhöhter Häufigkeit korrespondierender Verhaltensweisen führen müssten. Allerdings konnte dieser Automatismus nie eindeutig empirisch nachgewiesen werden. Das Konzept „verhaltensorientierte Einstellung" ließ man also fallen.

Nach wie vor wird jedoch diskutiert, ob Einstellungen **Persönlichkeitsmerkmale** sind. Die Gründe dafür sind die relative Dauerhaftigkeit und Stabilität, mit denen die meisten Definitionen von Einstellungen (Attitudes) arbeiten. Warum können Einstellungen also nicht als *Eigenschaften (Traits)* angesehen werden? Traits sind Persönlichkeitsmerkmale, die relativ stabil sind (Pawlik 2006, S. 16). Die Schwierigkeit der Abgrenzung wird sichtbar, wenn man beispielsweise eine „positive Einstellung gegenüber zwischenmenschlichen Kontakten" der „Extraversion" gegenüberstellt. Extraversion ist ein Persönlichkeitsmerkmal, das u. a. für Geselligkeit und Offenheit steht (Asendorpf und Neyer 2012). Der Unterschied zu positiven Einstellungen gegenüber zwischenmenschlichen Kontakten oder ähnlich ausgerichteten Einstellungen ist schwer auszumachen.

Manche Psychologinnen/Psychologen vermuten, dass die Unterscheidung weitgehend auf die *Ausdifferenzierung der Wissenschaft Psychologie* zurückzuführen ist. In den zwanziger und dreißiger Jahren des vergangenen Jahrhunderts etablierte sich die Meinung, dass Einstellungen eine *sozialpsychologische Kategorie* darstellen, während die „Eigenschaften" zum Gegenstand der *Persönlichkeitspsychologie* gehören (Mummendey und Grau 2014, S. 26–27).

Soziale Einstellungen wurden zum Gegenstand der Sozialpsychologie deklariert. Eine soziale Einstellung ist die Einstellung gegenüber *einem sozialen Objekt,* also auch zu anderen Menschen, zu Kontakten, zum Familienleben oder aber auch zu den von Menschen geschaffenen gesellschaftlichen Makrostrukturen, wie etwa das Bildungswesen, politische Gremien etc. Kein Wunder, dass Mummendey & Grau fragen, ob die Bezeichnung „soziale Einstellungen" nicht irgendwie überflüssig ist. Sie können sich kaum vorstellen, dass es irgendwo ein Objekt des Denkens, Fühlens und menschlichen Handelns gäbe, das nicht sozial geprägt wäre (Mummendey und Grau 2014, S. 27).

Entsprechend dem sozialpsychologischen Paradigma sind *soziale Einstellungen* großenteils *gelernt und erworben*, nämlich im Verlauf der individuellen Entwicklung und Sozialisation. Diese findet lebenslang statt, nicht nur in der frühen Kindheit, sondern ebenso in der Schule (schulische Sozialisation), im Beruf (berufliche Sozialisation) und anderen Erlebenskontexten. Diese Biografie - Phasen prägen soziale Einstellungen oder – anders ausgedrückt – immer neue Einstellungen werden im Verlauf der gesamten Lebensspanne erworben.

Man muss sich fragen, ob nicht der Umstand, dass Einstellungen gelernt und erworben sind, gegen den „beständigen Charakter" von Einstellungen spricht. Sind deshalb soziale Einstellungen weniger beständig als andere Einstellungen, die sich etwa an geografische Objekte richten? Hier kommt die **Persönlichkeitspsycho-**

logie wieder ins Spiel: Wahrscheinlich sind es die jeweils individuellen Ausprägungen der Eigenschaften (Traits), die bestimmen, wie stabil und beständig die Einstellungen sind. Eine Person mit einem hohen Score der „Gewissenhaftigkeit" wird vermutlich stabilere und dauerhaftere Einstellungen entwickeln als eine andere Person mit einem niedrigen Gewissenhaftigkeit-Score.

Für Studierende kann eine wichtige Erkenntnis aus dieser Betrachtung der sozialen Einstellungen resultieren: Die Entscheidung, ob die Einstellung zur Persönlichkeitspsychologie oder zur Sozialpsychologie gehört, spielt im realen Leben keine Rolle. Die Abgrenzung ist rein analytischer Natur. Sie soll das *psychologische Verständnis vereinfachen*. In Wirklichkeit bilden Einstellungen, Eigenschaften, das Verhalten und Gefühle zusammen mit deren neuropsychologischen Grundlagen eine **unzertrennbare Einheit**. Das soll jede Psychologin/jeder Psychologe nie aus dem Blick verlieren.

Im alltäglichen Sprachgebrauch tendieren Menschen am häufigsten dazu, mit ihren Einstellungen ihre Emotionen zum Ausdruck zu bringen: Sie mögen etwas, hassen jemanden, finden etwas super gut. Oft drücken sie eine Beurteilung aus, so wenn sie von besorgniserregender Luftverschmutzung oder von unqualifizierten Unterrichtsmethoden in der Schule ihrer Kinder sprechen. So ein Urteil beruht schon mal auf dem Nachdenken und auf Informationen (unabhängig von deren Richtigkeit). Man sieht also von vornherein, dass in den Einstellungen mal Gefühle, mal das Nachdenken, also kognitive Komponenten eine Rolle spielen und dass die eine oder andere Komponente vom Fall zu Fall überwiegt.

Diese Beobachtung hat ihre Entsprechung in sozialpsychologischen Konzepten. Im **Drei-Komponenten-Modell** (Rosenberg und Hovland 1960), das auch als „**Strukturmodell der Einstellungen**" bezeichnet wird, werden drei *Einstellungskomponenten* unterschieden: die affektive, die kognitive und die konative Komponente. Je nachdem, welche Komponente die dominierende ist, können die folgenden Typen von Einstellungen unterschieden werden:

- **Affektive (emotionale) Einstellungen**: Sie sind der Ausdruck von gefühlsbetonten Bewertungen, Vorlieben, subjektiven Befindlichkeiten (sich wohl oder unwohl fühlen im Umgang mit anderen Menschen oder bei der Betrachtung/Verwendung bestimmter Objekte). Die emotionalen Einstellungen sind oft mit der Reaktion des autonomen Nervensystems verbunden (z. B. Gänsehaut oder Übelkeit bei der Betrachtung von Objekten, die man nicht mag).
- **Intellektuelle (kognitive) Einstellungen, auch evaluative, wertende Einstellungen** genannt. Das sind Meinungen, Überzeugungen, Glaubensgrundsätze und ihnen entsprechende verbale Bewertungen. Auch das Wissen über Mitmenschen und Verstehen von Objekten werden in diese Kategorie eingeordnet.
- **Handlungsorientierte (beziehungsweise konative oder verhaltensorientierte) Einstellungen:** Das sind Verhaltensabsichten („Dem werde ich es gleich heimzahlen!") und Verhaltenstendenzen („Mit der werde ich nie wieder reden"!), offenes Verhalten, Bereitschaft zum Handeln und Berichte über eigenes Verhalten.

Allerdings bestehen keine scharfen „Grenzen" zwischen diesen Einstellungstypen. Die Klassifizierung hängt lediglich von der *Gewichtung einzelner Komponenten*

1

ab, die jedoch zusammengehören. Beispiel: Die handlungsorientierte Einstellung (Handlungsabsicht) „Dem werde ich es gleich heimzahlen!" druckt ebenso eine emotionale Einstellung aus (Wut, Empörung usw.). Wenn diese Komponenten im Gleichgewicht sind, spricht man von **konsistenten** oder **homogenen** Einstellungen. Wenn sie sich jedoch widersprechen, spricht man von **„ambivalenten" oder auch inkonsistenten Einstellungen.** Beispiel: *Eine Arbeitnehmerin kann ihren Vorgesetzten absolut nicht leiden, sie findet ihn vorlaut und angeberisch, schätzt aber seine fachliche Kompetenz sehr. Diese Arbeitnehmerin hat eine ambivalente Einstellung zu ihrem Vorgesetzten.* Dabei ist die emotionale Komponente (nicht leiden) mit der rationalen Komponente (Einschätzung der Fachlichkeit) nicht im Einklang.

Die ambivalenten (inkonsistenten) Einstellungen kommen außerordentlich häufig vor. Menschen mögen bestimmte Speisen nicht, essen sie jedoch, weil sie als gesund gelten. Das heißt: *Die affektive Komponente (nicht mögen) und die kognitive (das Wissen, dass diese Speise gesund ist) widersprechen sich.* Am Ende überwiegt doch die Kognition; *sie beeinflusst das Verhalten.* Experimente zeigen jedoch, dass inkonsistente Einstellungen vergleichsweise **instabil und somit leichter beeinflussbar** sind. Vermutlich ist das der Grund dafür, warum sich Leute leicht verführen lassen, die gesunde, aber nicht geliebte Speise doch nicht allzu oft in ihren Speiseplan aufzunehmen.

Eine besondere Kategorie bilden die **„impliziten Einstellungen"**. Jeder Mensch äußert sie, ohne sich ihrer bewusst zu sein. *Die „evaluative" (kognitive) Komponente ist in diesen Einstellungen unterrepräsentiert.* Vielmehr basieren die impliziten Einstellungen auf automatischen Bewertungsprozessen. Die (positive oder negative) affektive Bewertung dominiert (Greenwald und Banaji 1995). Oder die bewusste Evaluation wird aus irgendeinem Grunde vermieden beziehungsweise auch verdrängt, weil sie mit den bewussten Einstellungen und subjektiven Normen im Konflikt steht. Dieses Thema wird noch in einem weiteren Kapitel dieses Bandes diskutiert.

1.6 Funktion von Einstellungen

Einstellungen erfüllen für ihre Trägerinnen und Träger verschiedene Funktionen. Danach werden sie unterschieden, ganz nach der Annahme, dass Einstellungen einer Person mit dem individuellen System ihrer Bedürfnisse zusammenhängen. Jonas und Kollegen definieren die Funktion von Einstellungen kurz und prägnant: Einstellungsfunktionen (attitude functions) sind „psychologische Bedürfnisse, die von Einstellungen befriedigt werden". (Jonas et al. 2014, S. 208).

Folgende Funktionen werden unterschieden (Katz 1960; Smith und Mackie 2000):

- **Anpassungsfunktion**: Ein Individuum kann aus seinen Einstellungen einen persönlichen Nutzen ziehen. Wenn es seine Einstellungen an seine Bezugsgruppe anpasst und Einstellungen äußert, die von dieser Gruppe gemocht werden, wird es leicht in diese Gruppe aufgenommen. Die gruppenspezifischen, **sozial er-**

wünschten Einstellungen rufen positive Reaktionen von Bezugspersonen hervor. Das Gleiche kann in einer größeren Gemeinschaft passieren. Einstellungen werden als Instrumente eingesetzt, um sich Anerkennung, Belobigung und Belohnungen zu verschaffen. Man nennt diese Funktion auch die **instrumentelle** Funktion. Gängig ist auch die Bezeichnung „**utilitaristische** Funktion" für solche Einstellungen, die Belohnungen maximieren und Ablehnungen minimieren (Jonas et al. 2014, S. 208).

- **Orientierungs- und Interpretationsfunktion**: Die Wahrnehmung und Suche nach Informationen sowie der Wissenserwerb werden selektiv durch Einstellungen gesteuert. Mithilfe von Einstellungen strukturieren wir unsere komplexe Realität: Wir entscheiden, was „gut oder böse" ist, was „wertvoll oder unnütz" ist. In der Homepage eines Kammerjägers werden Tiere und Insekten nach „Lästlingen, Schädlingen und Nützlingen" unterschieden. Vorerst uninformierte Menschen nutzen die Angaben, um einen Kammerjäger zu beauftragen, falls sie die ersten zwei Gruppen von Insekten oder Nagetieren in ihren Wohnungen entdecken. Grundsätzlich tendieren Menschen dazu, Informationen zu meiden, die ihnen bei ihrer aktuellen Bedürfnislage kein nützliches Wissen bringen (z. B. wie pflegt man einen Ameisenstamm). Ebenso meiden sie Informationen, die mit ihren Einstellungen nicht korrespondieren. Sie mögen Ameisen, Spinnen und Mäuse nicht in ihrer Wohnung haben und suchen nur nach Informationen, wie sie diese loswerden. Die **Orientierungs-** oder **Interpretationsfunktion** werden auch als **Wissensfunktionen** bezeichnet.
- **Abwehrfunktion**: Einstellungen helfen den Menschen, fremde und unbekannte Objekte, Personen und soziale Zusammenhänge abzuwehren. Sie werden durch die Einstellungen *abgewertet*. Die meisten Menschen finden Insekten ekelhaft und hässlich; sie essen deshalb keine (derart abgewerteten) Lebewesen (die Insekten). Wer eine negative Einstellung (ein Vorurteil) gegen bestimmte Mitbürgerinnen und Mitbürger hegt, kann sich darüber hinaus von dieser Gruppe abgrenzen und die eigene Person beziehungsweise die eigene Bezugsgruppe aufwerten. Man spricht hier von der „Ich-Verteidigungsfunktion" (Jonas et al. 2014, S. 208).
- **Expressive Funktion**: Mittels Einstellungen drücken Menschen ihre Meinung über Personen oder soziale Zusammenhänge aus. Durch Einstellungen kann man auf diese Weise die eigene Identität präsentieren. Man kann zeigen, dass „man dazugehört" – z. B. indem man betont, dass man den Autoverkehr nicht mag. Auf diese Weise werden individuelle Werte und Orientierungen zum Ausdruck gebracht. Deshalb nennt man die expressive Funktion der Einstellungen auch die **Wertausdrucksfunktion**.

Insgesamt betrachtet haben Einstellungen so etwas wie eine Energiesparfunktion (Jonas et al. 2014). Denn sie erleichtern und beschleunigen die Ausführung von Urteilen. Will man eine Einstellung verändern oder aufrechterhalten, ist es gut, ihre primäre Funktion zu kennen und darauf die Änderungs- oder Erhaltungsstrategie aufzubauen.

1

❓ Fragen

- 1. Aufgabe: Überlegen Sie sich bitte, welche Einstellung Sie persönlich zum Fliegen, zu Flugreisen beziehungsweise zu einer häufigen Nutzung von Flugverkehr haben. Sie kann negativ oder positiv sein. Bitte beschreiben Sie Ihre eigene Einstellung, aber nicht völlig frei, mit eigenen Worten, sondern indem Sie sich nach dem Drei-Komponenten – Modell von Rosenberg und Hovland (1960) richten.
- 2. Aufgabe: Was ist eine **soziale** Einstellung? Erläutern Sie bitte, warum die Sozialpsychologen Hans Dieter Mummendey und Ina Grau (2014) meinten, dass hier das Adjektiv „sozial" eigentlich überflüssig ist.
- 3. Aufgabe: Welche Funktionen haben Einstellungen?
- 4. Aufgabe: Frau P., die Mutter von Natalie, freut sich, wenn Natalie von Mitstudierenden eingeladen wird, um mit ihnen auszugehen. Gleichzeitig hat sie eine wahnsinnige Angst, dass Natalie bei den nächtlichen Ausgängen etwas passieren könnte. Wie würden Sie die Einstellung von Frau P. zum nächtlichen Ausgehen von Natalie bezeichnen? (Bitte verwenden Sie die sozialpsychologische Fachsprache!)

✅ Antworten

- 1. Aufgabe: Starten sie bitte mit der emotionalen Komponente. Geben Sie bitte an, ob sie gerne fliegen und Flugreisen lieben, oder auch, ob ihnen das Fliegen zunehmend peinlich ist (Stichwort: Flugscham). Nun setzen Sie mit der kognitiven Komponente fort (mit dem Wissen und rationalen pro/kontra Gründen). Als letztes berichten Sie bitte über die handlungsorientierte (konative) Komponente nach. Wie sehen nun ihre Reiseabsichten aus? Wie beziehen Sie dabei die Reisen mit dem Flugzeug ein?
- 2. Aufgabe: Eine **soziale** Einstellung ist die Einstellung zum „sozialen Objekt", wobei der Begriff Objekt breit definiert ist. Er umfasst Menschen, Gegenstände, soziale Situationen und Kommunikationen, aber auch Institutionen, ihre Strukturen, etc. Der Sozialpsychologe Hans Dieter Mummendey und seine Kollegin Ina Grau (2014) meinen deshalb, dass es kaum Objekte des Denkens, Fühlens und Handelns gibt, die nicht sozial geprägt wären (Mummendey und Grau 2014).
- 3. Aufgabe:
    a. Anpassungsfunktion: Ein Individuum kann mittels Einstellungen einen persönlichen Nutzen erzielen, indem es seine Einstellungen an seine Bezugsgruppe anpasst.
    b. Orientierungs- und Interpretationsfunktion: Die Wahrnehmung und Suche nach Informationen sowie der Wissenserwerb werden selektiv durch Einstellungen gesteuert.
    c. Abwehrfunktion: Einstellungen helfen den Menschen, fremde und unbekannte Objekte, Personen und soziale Zusammenhänge abzuwehren.
    d. Expressive Funktion: Mittels Einstellungen drücken Menschen ihre Meinung über Personen oder soziale Zusammenhänge aus.
- 4. Aufgabe: Frau P. hat eine **ambivalente, inkonsistente** Einstellung zu nächtlichen Ausgängen ihrer Tochter Natalie. Die Einstellung ist durch einen Widerspruch gekennzeichnet.

Zusammenfassung und Fazit

Dieses Kapitel ist eine Einführung zum sozialpsychologischen Lehrbuch, dass sich mit verschiedenen Aspekten von Einstellungen befasst. Das Kapitel ist ein Einstieg in diese Thematik. Dementsprechend werden die Grundbegriffe und Grundkonzepte erläutert. Einstellungen sind emotionale Reaktionen auf Reize, Objekte, vor allem jedoch auf Mitmenschen. Sie sind relativ stabil. Deshalb werden sie oft als Eigenschaften betrachtet, die eigentlich zum Interessengebiet der Persönlichkeitspsychologie gehören. Seit vielen Jahren erheben beide Disziplinen, die Persönlichkeitspsychologie und die Sozialpsychologie den Anspruch auf diesen Gegenstand.

Einstellungen erweisen sich häufig als inkonsistent. Manche Personen, Situationen oder Objekte rufen ausgesprochen ambivalente Einstellungen hervor.

Für ihre Träger sind Einstellungen sehr funktional. Sie erleichtern die Kontaktaufnahme zu Mitmenschen und die Eingliederung des Individuums in eine Gemeinschaft. Pragmatisch betrachtet, haben Einstellungen so etwas wie eine Energiesparfunktion. Sie erleichtern und beschleunigen die Ausführung von Urteilen (Jonas et al. 2014).

Literatur

Ajzen, I. (1985). From intentions to actions. A theory of planned behavior. In Kuhl, J. & Beckman, J. (Hrsg.), *Action Control*, Berlin, Heidelberg: Springer, S. 11–39.

Allport, G. W. (1935). Attitudes. In Murchison, C. M. (Hrsg.), *Handbook of social psychology*, Worcester, MA: Clark University Press, S. 798–884.

Allport, G. M. (1971). *Die Natur des Vorurteils*. Köln: Kiepenheuer & Witsch.

Asendorpf, J. & Neyer, F.J. (2012): *Psychologie der Persönlichkeit*. 5. Auflage. Springer

Eagly, A. H. & Chaiken, S (1993). *The Psychology of Attitudes*. Orlando, Fl.: Harcourt Brace Jovanovich

Festinger, L. (2012). *Theorie der kognitiven Dissonanz* (2. Auflage). Bern: Verlag Hans Huber.

Greenwald, A. G., & Banaji, M. R. (1995). Implicit social cognition: Attitudes, self-esteem, and stereotypes. *Psychological Review, 102*(1), 4–27. https://doi.org/10.1037/0033-295X.102.1.4

Hovland, C. I. & Lumdsdaine, A. A.(1949). *Experiments on Mass Communication*. Princeton, NJ: Princeton University Press

Jonas, K.; Stroebe, W. & Hewstone, M. (Hrsg.) (2014). *Sozialpsychologie*. Berlin, Heidelberg: Springer, 6. Auflage.

Katz, D. (1960). The functional approach to the study of attitudes. *Public Opinion Quarterly*, 24 (2), 163–204.

Mummendey, H. D. & Grau, I. (2014). *Die Fragebogen-Methode*. Göttingen: Hogrefe, 6. korrigierte Auflage

Pawlik, K. (2006). Objektive Tests in der Persönlichkeitsforschung. In: Ortner, T.M.; Proyer, R.T.; Kubinger, K.D. (Hrsg): *Theorie und Praxis Objektiver Persönlichkeitstests*. Bern: Verlag Hans Huber, S. 16-22

Petty, R. E. & Cacioppo, J. T. (1986). *Communication and persuasion. Central and peripheral routes to attitude change*. New York: Springer.

Rosenberg, M. J. & Hovland, C. I. (1960). Cognitive, affective, and behavioral components of attitudes. In Hovland, C. I. & Rosenberg, M. J. (Hrsg.), *Attitude organization and change: An analysis of consistency among attitude components*, New Haven, CT: Yale University Press, S. 1–14.

Rudolph, A.; Schröder, M.; Schütz, A. (2006): Ein Impliziter Assoziationstest zur Erfassung von Selbstwertschätzung. In: Ortner, T.M.; Proyer, R.T.; Kubinger, K.D. (Hrsg): *Theorie und Praxis Objektiver Persönlichkeitstests*. Bern: Verlag Hans Huber, S. 153–163

Six, U. (2007). Die Rolle von Einstellungen im Kontext des Kommunikations- und Medienhandelns. In Six, U., Gleich, U. & Gimmler, R. (Hrsg.), *Kommunikationspsychologie und Medienpsychologie*, Weinheim: Beltz PVU.

1

Six, U., Gleich, U. & Gimmler, R. (Hrsg.) (2007), *Kommunikationspsychologie und Medienpsychologie* (S. 90–117), Weinheim: Beltz PVU.

Smith, E. R. & Mackie, D. M. (2000). *Social Psychology* (2. Auflage). London: Psychology Press.

Thomas, W. J. & Znaniecki, F. (1918/1958). *The Polish Peasant in Europe and America.* New York: Dover (Original: Boston: Badger, 1918).

Thurstone, L. L. (1928). Attitudes Can Be Measured. *American Journal of Sociology*, 33 (4), 529–554. https://brocku.ca/MeadProject/Thurstone/Thurstone_1928a.html (15.11.2016).

Thurstone, L. L. (1931). The measurement of social attitudes. *The Journal of Abnormal and Social Psychology*, 26 (3), 249–269. Verfügbar unter: https://brocku.ca/MeadProject/Thurstone/Thurstone_1931d.html (15.11.2016).

Zimbardo & Gerrig (1996). *Psychologie*. (7., neu übersetzte und bearbeitete Auflage). Berlin, Heidelberg, New York: Springer.

Beziehung zwischen Einstellungen und Verhalten

Zur Theorie der kognitiven Dissonanz

Inhaltsverzeichnis

Die Ausführungen in diesem Kapitel basieren etwa zu einem Drittel auf dem Studienbrief von Garms-Homolová, V. (o. J.): Von der Kunst Leute zu durchschauen. Woher kommen meine und fremde Haltungen? Einstellungen und Urteilsbildung. Studienbrief der Hochschule Fresenius online plus GmbH. Idstein: Hochschule Fresenius online plus GmbH.

© Springer-Verlag GmbH Deutschland, ein Teil von Springer Nature 2020
V. Garms-Homolová, *Sozialpsychologie der Einstellungen und Urteilsbildung*, Psychologie für Studium und Beruf, https://doi.org/10.1007/978-3-662-62434-0_2

2

Viele Marktforschungsinstitute verlassen sich auf Einstellungsbefragungen, um zu erfahren, welche Produkte und Dienstleitungen von Ihren Kundinnen und Kunden präferiert werden und künftig gefallen könnten. Marktforschende nehmen an, dass geäußerte Vorlieben und positive Einstellungen entscheiden, ob die Produkte gekauft und angebotene Dienste genutzt würden. Aber leider funktioniert es nicht so einfach. Da spielen noch zahlreiche weitere Faktoren mit (unbewusste Mechanismen, Persönlichkeit, soziale Normen usw.), die den Impuls zum Verhalten geben. Einstellungen und Verhalten korrelieren miteinander. Aber das erklärt noch keine „Ursache-Wirkung-Relation". Menschen sind prinzipiell bestrebt, dass ihre Einstellungen und ihr Verhalten ein konsistentes und gleichgewichtiges Verhältnis haben. Aber häufig gibt es diese Art von „Balance" nicht. Warum das so ist und wie die Bemühungen um das Gleichgewicht funktionieren, erklären die sozialpsychologischen Konsistenztheorien. Am populärsten ist die Theorie der kognitiven Dissonanz (Festinger 2012), die in diesem Kapitel detailliert erläutert wird.

🔊 **Nach eingehender Lektüre dieses Kapitels …**
- verstehen Sie, wie weit Einstellungen als Prädiktoren des Verhaltens funktionieren können,
- erläutern Sie, mit welcher Problematik sich die sozialpsychologischen Konsistenztheorien befassen,
- können Sie das Phänomen „kognitive Dissonanz" beschreiben,
- wissen Sie, wie Menschen die Reduktion der kognitiven Dissonanz erreichen können,
- verstehen Sie, was passiert, wenn Menschen gezwungen sind, im Widerspruch zu ihren Überzeugungen, Vorlieben und Werten zu handeln.

Im Buch über die europäischen Manager und die Art, wie sie mit ihren Geschäftspartnerinnen/Geschäftspartnern interagieren, steht: Deutsche Manager "werden in ihrer strengen Seriosität von anderen oft als ‚unfreundlich' wahrgenommen, obwohl sie es in ihrem Fühlen und Denken gar nicht sind. Sie erscheinen nur so. Mit dominierender Funktions- und Aufgabenorientierung zu arbeiten, ist es für sie normal, gut und richtig. Partner mit gegensätzlicher kultureller Prägung empfinden das jedoch als distanziert, unzugänglich und kalt" (Müller 2005, S. 234). Auch in anderen Teilen des Buchs zeigt sich immer wieder die Diskrepanz zwischen den Einstellungen und Meinungen, die führende deutsche Geschäftsleute äußern und ihrem realen Kommunikations- und Entscheidungshandeln.

2.1 Einstellungen als Prädiktoren des Verhaltens

Dieses Beispiel aus dem europäischen Management zeigt, dass es nicht einfach ist, von Einstellungen auf das Verhalten schließen. Dabei befassen sich Sozialpsychologinnen und Sozialpsychologen seit Jahrzehnten mit diesem Problem. Und nicht nur sie. Auch "Nicht-Psychologen", etwa Personalleiterinnen/Personalleiter in Betrieben, Verkaufsleute in sämtlichen Branchen, Gesundheitsaufklärerinnen/Gesundheitsaufklärer und viele andere Menschen würden die Frage gerne beantwortet wissen, am besten positiv.

In diesem Kapitel werden die theoretischen Ansätze vorgestellt, die der Beziehung „Einstellung – Verhalten" gewidmet sind. Besonders geht es darum zu erkunden, unter welchen Umständen eine Einstellung als Prädiktor, also Vorhersagefaktor, des Verhaltens betrachtet werden darf.

Bereits vor ungefähr hundert Jahren wurde diesen Fragen der Vorhersagefähigkeit von Einstellungen in empirischen Untersuchungen nachgegangen und in den 1940er-Jahren suchten Forschende intensiv nach Verhaltensprädiktoren. Dabei wurden Einstellungsskalen mit den Verhaltensoutcomes korreliert. Es fanden sich tatsächlich gültige Korrelationen in den meisten Untersuchungen. Aber Korrelationen sagen nur aus, dass die beiden Phänomene – Einstellung und Verhalten – in Beziehung stehen. Es ist jedoch unmöglich, eine Korrelation in dem Sinne zu interpretieren, dass sich aus der Einstellung das Verhalten vorhersagen lässt. Das beweist unter anderem eine schon ältere Meta-Analyse des Kommunikationspsychologen Bernd Six (1992). Er untersuchte alle aus dem Zeitraum zwischen 1927 und 1990 stammenden und ihm zugänglichen empirischen Studien, die der Beziehung „Einstellung – Verhalten" gewidmet waren. Bernd Six und auch andere Studienautorinnen/Studienautoren kamen zu dem Schluss, dass sich das Verhalten nur zu etwa 10 % aus Einstellungen vorhersagen lässt: "Der durch die Prädiktorvariable Einstellung erklärte Varianzanteil an der Gesamtvarianz der Kriteriumsvariable Verhalten beträgt ca. 10 %; die restlichen 90 % der Kriteriumsvarianz fallen demnach auf unbekannte Drittvariablen" (Güttler 2003, S. 192). Andere Untersuchungen sind etwas optimistischer (Kraus 1995). Sie zeigen, dass **unter bestimmten Bedingungen** die Einstellungen doch als Prädiktoren des Verhaltens gewertet werden könnten. Eine dieser Bedingungen ist eine optimale Ausschöpfung von statistischen Berechnungen, die früher – ohne digitale Unterstützung – nicht im gleichen Maße wie heute möglich war (Haddock und Maio 2014).

Einstellungen sind sehr häufig inkonsistent. Einzelne Komponenten, die affektive, kognitive und konative Komponente, widersprechen sich regelmäßig.

Definition

„**Beziehung zwischen Einstellung und Verhalten** (attitude-behavior-relation): Das Ausmaß, in dem eine Einstellung Verhalten vorhersagt" (Haddock und Maio 2014, S. 219).

▶ **Beispiel**

Menschen mögen keinen Spinat essen – sie entwickeln negative Gefühle gegenüber dem Spinat –, aber sie essen ihn doch, sie trinken Spinat-Smoothies und vor allem geben sie Spinat ihren Kindern zu essen. Sie verhalten sich anders, als sie fühlen, weil Spinat als sehr gesund gilt. Die *konative* Komponente folgt der *affektiven* Komponente überhaupt nicht, und zwar aufgrund der *kognitiven* Komponente: Es ist vernünftig, Spinat zu verzehren. Zusätzlich üben auch soziale Faktoren einen beträchtlichen Einfluss aus, etwa soziale Erwartungen an das Individuum als einen Rollenträger. Zum Beispiel, kann die

2

gesellschaftliche Erwartung an "gute Eltern" bedeuten, dass sie in ihrer Elternrolle für eine gesunde Ernährung ihrer Kinder sorgen und deshalb ihren Kinder Spinatspeisen vorsetzen, auch wenn sie selbst eine überwiegend negative Einstellung zu diesem Gemüse haben. ◄

Viele Einstellungen und auch manche Verhaltensweisen kommen automatisch zustande: Es wird keine Bewusstseinskontrolle eingeschaltet (vgl. ► Kap. 4). Nicht zuletzt muss auch mit dem Einfluss bestimmter Persönlichkeitsmerkmale gerechnet werden. Alle diese Faktoren wirken zusammen so, dass keine Konsistenz zwischen den Einstellungen und dem Verhalten entstehen kann. Die Einstellungsuntersuchungen zum Zweck der Verhaltensvorhersage sind schwer und selten erfolgreich beziehungsweise eher unzuverlässig als zuverlässig. Wie oft enttäuschen Wahlforscher die Kandidatinnen und Kandidaten der Parteien, wenn die populärsten Politikerinnen und Politiker am Ende nur wenige Stimmen bekommen.

2.2 Konsistenztheorien

Befunde zahlreicher Studien zeigen, dass das Verhalten Einstellungen beeinflussen kann. Die Beziehung wirkt also umgekehrt, als im vorhergehenden ► Abschn. 2.1 diskutiert. Es ist eigentlich plausibel, dass – wenn man Spinat wiederholt vorgesetzt bekommt – man ihn wahrscheinlich doch irgendwie zu mögen lernt. Aber die Situation ist noch etwas komplizierter. Wie, damit befassen sich die *Theorien der kognitiven Konsistenz.* Sie zeigen, dass die Wirkung des Verhaltens auf menschliche Einstellungen beträchtlich ist. Vor allem besteht die Tendenz, die Inkonsistenzen zwischen Einstellungen eines Individuums und seinem Handeln möglichst klein zu halten.

Die **Konsistenztheorien** widmen sich der Übereinstimmung beziehungsweise auch *Widersprüchen* zwischen den Komponenten der Einstellungen, das heißt zwischen der emotional-affektiven Komponente, kognitiven Komponente und Verhaltenskomponente. Aber vielmehr noch: sie erläutern auch Widersprüchlichkeiten *zwischen verschiedenen Kognitionen.* So werden „vernünftige" Argumente aus der Vergangenheit, an die sich das Individuum erinnert, der rationalen Kalkulation der momentanen Situation gegenübergestellt, um herauszufinden, welche Wirkung jede der Kognitionen hat. Denn prinzipiell streben Menschen nach einer harmonischen Übereinstimmung dieser Komponenten, sozusagen nach einer *möglichst vollständigen Konsistenz.*

Diesen allgemein menschlichen *Sollzustand* haben verschiedene Wissenschaftler unterschiedlich erklärt. Deshalb sprechen wir von Konsistenz**theorien** im Plural, weil dieser Wissenschaftssparte mehrere Theorien zugerechnet werden, z. B. die

1. Balancetheorie nach Fritz Heider
2. Erfahrungswissenschaftliche Konsistenztheorie nach Klaus Grawe
3. Assimilations-Kontrast-Theorie nach Carl I. Hovland.
4. Theorie der kognitiven Dissonanz nach Leon Festinger.

Zu 1: Die Balancetheorie nach Fitz Heider ist dem Phänomenen Ausgeglichenheit bzw. Unausgeglichenheit von Triaden gewidmet, wobei diese Triaden aus den Beziehungen von zwei Personen und einem Objekt bestehen. Es wird untersucht, wann die beteiligten Personen ihre Beziehung als ausbalanciert ansehen und wann sie es nicht tun können (Heider 1979).

Zu 2: Klaus Grawe nahm an, dass der gesamte menschliche Organismus nach Konsistenzen strebt. Je besser die psychischen und neuronalen Prozesse aufeinander abgestimmt sind, je höher das erzielte Niveau der Konsistenz, desto höher die Bedürfnisbefriedigung und schließlich auch die Gesundheit des Organismus (Grawe 1998). Grawe bemühte sich um empirische Belege für seine Theorie. Deshalb wird sie *Erfahrungswissenschaftliche* Konsistenztheorie genannt.

Zu 3: Die Assimilations-Kontrast-Theorie widmet sich der Einstellungsänderung. Wie weit ist es möglich, eine Einstellung durch eine neue zu ersetzen? Wenn die alte und neue Einstellung zu stark kontrastieren, entwickelt die Person (die Einstellungsträgerin) Widerstände (Hovland et al. 1953). Daraus folgt, dass es schwierig ist, die Einstellungen einer Person vollständig umzupolen.

2.2.1 Theorie der kognitiven Dissonanz

Die bekannteste Konsistenztheorie, die sich mit Inkonsistenzen beschäftigt, ist die Theorie der kognitiven Dissonanz. Sie stammt von Leon Festinger, der sie in den 1950er-Jahren entwickelt hatte (Festinger 2012).

Festinger fand heraus, dass sich Menschen unwohl fühlen, ja regelrecht leiden, weil ihre Gefühle, ihr Wissen, Denken und ihr Verhalten nicht zueinander passen. Anscheinend sind sie stets auf der Suche nach einer Möglichkeit, diese Inkonsistenz auszugleichen, ungeachtet der Mühen, die sie auf sich nehmen müssen.

Festinger erkannte, dass das unangenehme Gefühl der **Dissonanz** immer dann auftritt, wenn eine Inkonsistenz zwischen zwei „Kognitionen" erlebt wird. Gesundheitsfachleute raten den Menschen beispielsweise, dass sie keinen Alkohol trinken sollen, weil es gesundheitsschädlich ist. Aber die meisten Menschen erleben, dass sie sich zunächst wohl fühlen, wenn sie Alkohol zu trinken beginnen. Und vielleicht ist ihnen noch nie etwas unangenehmes passiert: Sie wurden bisher noch nie krank!

In dcm Phänomen, das Leon Festinger (2012) kognitive Dissonanz benannte, sah der Wissenschaftler einen *konflikthaften Zustand, den eine Person erlebt, wenn ihre Werte und Meinungen nicht im Einklang sind und zusätzlich auch noch ihrer Handlungsweise widersprechen.* Generell bemühen sich Menschen darum, einen solchen Widerspruch zu reduzieren.

Welche Bedingungen führen jedoch mit hoher Wahrscheinlichkeit zur Inkonsistenz und zum Widerspruch dieser Art? In welchen Situationen entwickeln sie sich?

Leon Festinger und andere Forscher sowie Forscherinnen fanden heraus, dass sich eine kognitive Inkonsistenz häufig dann entwickelt, wenn schwierige *Entscheidungen* anstehen, die eine *Wahl zwischen zwei oder mehreren Alternativen* erfordern. Dazu führten die Forscherinnen und Forscher Experimente in Wettbüros durch. Sie interviewten Personen, die Wetten auf Pferde abschlossen. Die Interviews wurden einerseits durchgeführt, noch bevor die Wette abgeschlossen wurde (etwa in der Schlange vor dem Wettbüro, jedenfalls noch vor der Abgabe des Weltscheins). Andererseits fanden sie nach der Abgabe der Wettscheine statt, also wenn die Entscheidung für ein bestimmtes Rennpferd bereits gefallen war. Zudem wurden Befragungen nach Abschluss des gesamten Experiments durchgeführt.

Diese Experimente basierten auf der Hypothese, dass die Handlung – die Auswahl des Pferdes, auf das man wetten will, sowie die endgültige Abgabe der Wettscheine – eine Spannung erzeugt. Die wettende Person (einfachheitshalber Herr Meier) verspürt (unbewusst) das Bedürfnis, diese Spannung aufzulösen. Herr Meier schreibt dem ausgewählten Pferd (Goldfinger) *einige Mängel* zu, um sicherzustellen, dass sich die Spannung nicht vergrößert, sollte sich die Wahl des Goldfingers doch nicht als richtig erweisen. Zum Beispiel sagt Herr Meier, dass das Pferd Goldfinger vor einem Jahr eine Verletzung hatte. Somit wird das ausgewählte Pferd etwas „*abgewertet*". Es sei nicht makellos und deshalb sei seine Rennaufgabe besonders schwer. Gleichzeitig werden die anderen Pferde im Wettbewerb „*aufgewertet*". Herr Meier betont, dass nur sehr gute Pferde in das Rennen aufgenommen wurden. Nach der Abgabe des Wettscheins erfolgt eine Reduktion der Dissonanz, die das Gefühl der Zuversicht verstärkt. Herr Meier glaubt jetzt stärker an die Richtigkeit seiner Wahl. Das ausgewählte Pferd ist leistungsfähig, weil es trotz der früheren Verletzung startet. Diese Überlegung ist eine Aufwertung der bevorzugten Alternative bei gleichzeitiger Abwertung aller verworfenen Alternativen. Es ist ein Prozess, der als **Rationalisierung** bezeichnet wird.

In dem Experiment zeigte Festinger, dass die Personen, die noch auf die Abgabe der Wettscheine warteten, „ihrem" jeweiligen Pferd **gute Chancen** gaben. Aber gemäß den Interviews, die nach der *Abgabe* der Wettscheine durchgeführt wurden, zeigte sich, dass die Befragten ihren ausgewählten Pferden *sehr gute* **Chancen** gaben. Eine Aufwertung ihrer gewählten Alternative nahmen die Wettteilnehmerinnen/Wettteilnehmer nach der getroffenen Entscheidung vor. Die *Rationalisierung ist typisch für schwierige* Entscheidungen. Sie erleichtert den Personen ihre bereits getroffene *Wahl zu akzeptieren* und mit ihr fertig zu werden.

Vergleichbare Mechanismen konnten im Zusammenhang mit politischen Wahlen beobachtet werden. Wähler und Wählerinnen vertrauten ihren Kandidaten mehr, *nachdem* sie ihre Stimmzettel abgegeben hatten als vor der Stimmzettelabgabe. Festinger (2012) selbst argumentierte, dass die **Reduktion der kognitiven Dissonanz** *erst dann stattfindet, nachdem eine Entscheidung gefallen ist.* Er unterstrich beispielsweise, dass sich die Prozesse, die sich *während* einer Entscheidungsfindung abspielen, von den Prozessen stark unterscheiden, die *nach* der Entscheidungsfindung ablaufen. Dann nämlich wird die getroffene Wahl *neu bewertet* (Re-Evaluation). Dabei wird die verworfene Alternative abgewertet und die ausgewählte Alternative aufgewertet.

Aber warum ist es so? Warum setzt der Abwertungsprozess nicht schon vor der Entscheidungsfindung an? Das würde doch zu einer noch stärkeren Reduzierung der Spannung führen! Zudem entspricht Festingers Annahme nicht anderen sozialpsychologischen Erkenntnissen. Neuere Untersuchungen von Menschen nach dem Abschluss der Entscheidungsfindung zeigen, dass die Auf- und Abwertung bereits *vor der Entscheidungskomplettierung* einsetzt.

Aber die Majorität vorliegender Studien belegt, dass eine *Rationalisierung* erst *nach* der Vollendung einer Entscheidung einsetzt. Es werden zusätzliche positive Merkmale gefunden, welche die Richtigkeit der Entscheidung unterstützen. Zum Beispiel, wenn eine Freundesgruppe im Internet ein Restaurant aus mehreren Angeboten ausgewählt hat, welches sich in der Realität als eine kleine, nicht ganz saubere Klitsche herausstellt. Dann sagen sich die Freundinnen und Freunde beispielsweise, „Oh, es ist so schön übersichtlich und gemütlich hier."

2.2.2 Rationalisierung – ein Merkmal des Entscheidungshandelns

Generell scheint Festingers Theorie der kognitiven Dissonanz zu stimmen. Er persönlich glaubte, dass die Prozesse der Rationalisierung zum Zwecke der Spannungsreduktion sehr häufig stattfinden, häufiger, als es den Menschen bewusst ist. Sie setzen bereits vor der Entscheidung ein, intensivieren sich jedoch signifikant nach der Vollendung der Entscheidungsfindung.

Die Rationalisierung ist ein Merkmal des Entscheidungshandelns: Menschen verändern ihre Einstellungen, um eine größere Übereinstimmung mit ihren Entscheidungshandeln zu erzielen. Die nicht ausgewählte Alternative wird etwas negativer beurteilt als die gewählte Alternative. Die verworfene Alternative wird abgewertet bei gleichzeitiger Aufwertung der gewählten Alternative. Die Menschen in der Entscheidung finden auch noch zusätzliche Gründe dafür, warum es gut war, die gewählte Alternative auszuwählen.

Aber *wie lange* hält eine solche Rationalisierung vor? Ist sie dauerhaft oder nur vorübergehend? Wie viel Zeit vergeht, bis sie nachlassen wird? Und nach welcher Zeit kehren Menschen zu ihren ursprünglichen Einstellungen, Meinungen und Werten zurück, die sie vor einem Entscheidungs- und Handlungsgeschehen vertreten hatten? Diesbezügliche Forschung, die sogenannten „Post-Decision-Studies", wurde beispielsweise von Tali Sharot und ihren Kolleginnen und Kollegen in der Form einer longitudinalen Untersuchung durchgeführt. In dem Experiment bewerteten die Zielpersonen bestimmte Ferienorte, wo der Aufenthalt die gleichen Kosten verursachte. Die Zielpersonen wurden vor der Wahl des Ferienortes, unmittelbar nach der Wahl und noch einmal nach drei Jahren befragt. Unmittelbar nach der Wahl startete der typische Prozess der Re-Evaluation und Rationalisierung. Die Zielpersonen bewerteten den Ferienort, den sie ausgewählt haben, etwas positiver als die anderen Orte. Sie führten zahlreiche Gründe an, die für die Richtigkeit ihrer Wahl sprachen. Diese Be- und Aufwertung entsprach ziemlich genau der Bewertung vor der Auswahl (erste Befragung). Bei der Befragung nach drei Jahren zeigte sich, dass die gleiche Tendenz beibehalten wurde: Eine leichte Aufwertung der gewählten Alternative und eine geringe Abwertung der verworfenen Alternative fanden ebenfalls statt (Sharot et al. 2012). *Dieser Versuch bestätigt, dass die Bemühung, die kognitive Dissonanz zu reduzieren, langfristige Effekte erzeugen kann.*

Die kognitive Dissonanz ist offensichtlich ein *allgemeines Phänomen*. Jedoch gibt es bestimmte *kulturelle Differenzen* darin, wie Menschen die kognitive Dissonanz empfinden. Die entsprechende Forschung wurde beispielsweise mit Stichproben in

2

Kanada und im fernen Osten durchgeführt (Heine und Lehman 1997). Japanerinnen und Japaner entwickelten die kognitive Dissonanz unter anderen Bedingungen als die ursprünglich aus Europa stammende Bewohnerschaft Kanadas. Assimilierte Asiatinnen und Asiaten zeigten unter bestimmten Bedingungen die gleiche kognitive Dissonanz, wie Euro-Kanadierinnen und Euro-Kanadier. Aber bei denjenigen Asiatinnen und Asiaten, die nicht assimiliert waren (obgleich sie in Kanada lebten), manifestierte sich unter den gleichen Bedingungen eine erheblich stärkere kognitive Dissonanz als bei der voll angepassten asiatisch-kanadischen Population.

Die Theorie der kognitiven Dissonanz hat auch eine politische Bedeutung. Sie erklärt, was passiert, wenn Menschen dazu gezwungen werden, mit ihren Normen und Glaubensgrundsätzen zu brechen. So zum Beispiel, wenn sie bei einer Aktion mitmachen müssen (compliance), obwohl sich diese Aktion nicht mit ihren Prinzipien verträgt. In einer derartigen Situation würden die meisten Menschen ein Unbehagen empfinden. Sie würden vermutlich die Möglichkeit nutzen, ihre ursprünglichen Grundüberzeugungen zu verändern, um sie an die Anweisungen anzupassen.

Leon Festinger und Merrill Carlsmith (1959) führten zu diesem Problem ein Experiment mit Studierenden durch. Diese sollten eine ziemlich anstrengende und langweilige Tätigkeit ausführen. Ein Teil der Studierenden wurde instruiert, sich zu verstellen und zu behaupten, dass die Tätigkeit interessant ist, obwohl es objektiv nicht stimmte. Die andere Gruppe erhielt eine Instruktion ohne besondere Auflagen. Sie sollten einfach nur die Tätigkeit fertigmachen. Die Ergebnisse zeigten, dass die meisten Zielpersonen mit dem Verstellen kein Problem hatten. Die Forscher nahmen jedoch an, dass die Situation eine kognitive Dissonanz produzieren müsste. Die Zielpersonen sollten ja eine total langweilige Tätigkeit ausführen, und das nur für einen Dollar Aufwandsentschädigung! Leon Festinger und Merrill Carlsmith vermuteten, dass die Dissonanz gerade in diesem Fall besonders hoch sein würde, jedenfalls höher als bei einer zweiten Untersuchungsgruppe, die mit 20 Dollar entschädigt wurde. Die zweite Gruppe – so die Hypothese – würde ein geringeres Unbehagen empfinden, weil sich die 20 US Dollars „entlastend" auswirken müssten. Deshalb würde bei der zweiten Gruppe kein Rationalisierungserfordernis vorausgesetzt.

Nach dem Experiment bewerteten die Teilnehmerinnen und Teilnehmer ihre Erfahrungen. Merkwürdigerweise zeigte sich, dass *die niedrig entlohnte Gruppe die langweilige und monotone Tätigkeit deutlich positiver bewertete als die zweite Gruppe,* die besser entlohnt wurde.

Aus diesem Experiment und mehreren ähnlichen Versuchen wurden die folgenden Schlussfolgerungen gezogen: Wenn man Menschen überzeugen will, Normen und Meinungen zu akzeptieren, die ihnen fremd sind, sollte man dazu ein niedriges Niveau von Anreizen nutzen. Will man Zwang ausüben, so sollte nur mit einem milden Zwang gearbeitet werden. Nur so lässt sich erreichen, dass Menschen neue Meinungen und Einstellungen, zu denen sie praktisch gezwungen sind, annehmen und tatsächlich **internalisieren**. Wenn der Zwang zu stark ist, und die Anreize sehr hoch sind, besteht für die Menschen, die unter diesem Zwang stehen, *kein Grund zur Rationalisierung.* Diese Menschen zeigen „pro Forma" die von ihnen geforderte Verhaltensweise, verändern jedoch ihre Einstellung und Überzeugung nicht.

Wann verwandelt sich die Inkonsistenz in eine kognitive Dissonanz? Aronson (1969), aber auch andere Forscherinnen und Forscher befassten sich mit dieser

Frage. Sie stellten fest, dass die Antwort mit dem Selbstbild und Selbstwert des Menschen zusammenhängt. Die meisten Menschen sind von sich selbst überzeugt; sie glauben, dass sie vernünftig denken, klug sind und gute moralische Grundsätze vertreten. *Alles, was diese Selbstbeurteilung in Zweifel zieht, erzeugt Dissonanz.*

▶ **Beispiel**

Die Verfasserin dieses Kapitels beteiligte sich mal als Dozentin an einem Programm, das dazu diente, Pflegekräfte in eine digitalisierte Version eines geriatrischen Assessments einzuführen. Die Computerarbeitsplätze reichten nicht für alle. Deshalb wurden die Gesamtheit der Mitarbeiterinnen aufgeteilt: in eine Vormittags- und eine Nachmittagsgruppe. Beide Gruppen sollten ungefähr gleich sein. An ersten Tag stellte sich heraus, dass in der Vormittagsgruppe jüngere Mitarbeiterinnen überwogen. Sie waren besser qualifiziert und „computeraffiner", als die Mitglieder der Nachmittagsgruppe. Am zweiten und dritten Tag wollten mehrere Mitarbeiterinnen von der Nachmittagsgruppe in die Vormittagsgruppe wechseln. Sie waren verstimmt, in der Nachmittagsgruppe lernen zu müssen.

Aus dem Blickwinkel der Untersuchungen von Aronson (1969) betrachtet, entstand bei den Mitgliedern der Nachmittagsgruppe offensichtlich eine kognitive Dissonanz, weil sie sich durch die Zuordnung zu der Nachmittagsgruppe „abgewertet" fühlten. Sie wollten zu der Vormittagsgruppe gehören, die sie unterschwellig positiver als ihre eigene Nachmittagsgruppe bewerteten.

Weil jedoch nicht genügend Computerarbeitsplätze zur Verfügung standen, um alle gleichzeitig zu schulen – musste der Wechsel verhindert werden. Die Dozentinnen instruierten deshalb die wechselwilligen Mitglieder der Nachmittagsgruppe, dass ihre Aufgabe darin besteht, die schwächeren Gruppenmitglieder bei der Handhabung des Computerprogramms zu unterstützen. Das half, die kognitive Dissonanz aufzulösen, weil die Aufgabe verändert wurde. Die Teilnehmerinnen, die gegen ihren Willen in einer „schwachen Lerngruppe" verbleiben mussten, wurden aufgewertet. Sie übernahmen die Aufgabe als Instruktorinnen, die das Lernen anderer unterstützen und supervidierten. Es ging nicht mehr um die eigene „Schülerinnenposition". Ganz im Sinne von Aronson (1969) wurde den ursprünglich wechselwilligen Teilnehmerinnen der Nachmittagsgruppe ermöglicht, „den eigenen Wert zu erhöhen und gleichzeitig den Wert von anderen ein wenig herabzusetzen". Dadurch wurde dem Entstehen der kognitiven Dissonanz vorgebeugt. ◄

Weitere Studien (näheres bei Gilovich et al. 2016) beantworten die Frage „Wann entsteht aus der Inkonsistenz eine Dissonanz?" wie folgt:

Sie entsteht, wenn das Verhalten der Personen ihren Werten und Überzeugungen widerspricht, wobei gleichzeitig
- dieses Verhalten nicht freiwillig gewählt wurde,
- dieses Verhalten unbegründet ist,
- dieses Verhalten negative Konsequenzen hat,
- die negativen Konsequenzen von Beginn an absehbar waren.

Es gibt verschiedene **Wege zur Reduktion** der kognitiven Dissonanz.
- Ein Weg ist die **Selbstversicherung.** Menschen, die sich auf einem Gebiet so verhalten, dass es ihren Überzeugungen und Werten widerspricht, sind bemüht, diese Gegebenheit auf einem anderen Gebiet auszugleichen.

2

So sagt Marie beispielsweise: „Ja gut, ich habe meinen Freund enttäuscht, aber ich helfe sonst normalerweise, wenn sich jemand in Not befindet." Nelly sagt: „Ich fahre zwar ein SUV, aber dafür esse ich kein Fleisch!"*

- **Ausgleich der Inkonsistenz zwischen zwei „Kognitionen" durch die Beschaffung von Informationen.** Das sieht man am folgenden Beispiel:
  *Markus, ein Raucher, ist mit Informationen konfrontiert, die einstimmig besagen, dass das Rauchen gesundheitsschädlich ist. Er kennt aber einige starke Raucher, die recht alt geworden sind. Beide Informationselemente widersprechen sich. Auch der Großvater von Markus, der erst mit 89 Jahren starb, rauchte bis zu seinem Tode. Der Hausarzt rät Markus nachzufragen, wie es dem Großvater in den letzten Lebensjahren ging. Da erfährt Markus, dass der Großvater schon seit seinen Sechzigern an einer chronisch-obstruktiven Lungenerkrankung litt, häufig keine Luft bekam und in seinen letzten Lebensjahren deswegen mehrfach hospitalisiert werden musste. Markus hat sich **aktiv neue Informationen beschafft** und somit **neue kognitive Elemente hinzugefügt**, die zur Reduktion der Dissonanz beitrugen.*

- **Ausgleich der Inkonsistenz zwischen zwei „Kognitionen" durch eine gezielte Meidung von Informationen.**
  Für viele Raucherinnen/Raucher würde die Entscheidung, das Rauchen aufzugeben, eine starke kognitive Dissonanz erzeugen. Sie sind ja überzeugt, dass das Rauchen doch nicht schädlich ist. Deshalb vermeiden sie jegliche weitere Information, die das Gegenteil besagen würde. *Ein gutes Beispiel bot die Situation des Altbundeskanzlers Helmut Schmidt. Er wurde in seiner Rolle eines starken Rauchers von den Medien regelrecht vorgeführt, um zu zeigen: „Seht ihr, hier ist ein exzellenter, kluger Mensch, der darüber hinaus frei ist und jede Freiheit genießt, auch die des Rauchens."* **Keiner** der rauchenden Bewunderinnen und Bewunderer des Altbundeskanzlers fragte je nach, wie es ihm wirklich geht. Es wurde gesagt: „Er ist eine Ausnahmepersönlichkeit sowohl geistig als auch gesamtgesundheitlich!" Erst einige Zeit nach dem Tode dieses berühmten Politikers wurde offenbar, dass es sich um einen schwerstkranken Mann handelte, der seit Jahren unter einer Vielzahl von Beschwerden litt, die fast allesamt mit seinem Rauchen zusammenhingen. Diese blieben für die Öffentlichkeit unsichtbar. **Niemand fragte** ernsthaft nach Schmidts Zustand, so lange er lebte, vielleicht, um keine Widersprüchlichkeit (und kognitive Dissonanz) zu erzeugen.* Dieses Phänomen heißt bei Leon Festinger *Änderungswiderstand* (Festinger 2012, S. 36 ff.).

2.3 Theorie des geplanten Verhaltens

Nachdem viele Annahmen über die Vorhersagbarkeit des Verhaltens anhand von Einstellungen empirisch nicht eindeutig bestätigt werden konnte, suchten Wissenschaftlerinnen und Wissenschaftler nach den Bedingungen, unter denen die Vorhersage doch möglich wäre. Sie stellten fest, dass es doch geht, wenn *man konkrete und feste Verhaltensabsichten* betrachtet. Über sie kann man sich *subjektiven Einstellungen* gegenüber dem Verhalten annähern.

Die US-Sozialpsychologen Ajzen, Fishbein und Madden formulierten die Theorie des geplanten Verhaltens („Theory of Planned Behavior" – Ajzen 1985; Ajzen und Madden 1986 sowie Ajzen und Fishbein 1977), die dieses Phänomen erklärt.

Abb. 2.1   Theorie des geplanten Verhaltens (eigene Darstellung)

Die Theorie des geplanten Verhaltens arbeitet mit der *kognitiven Kategorie der bewussten Absicht*. Diese Kategorie führt zusammen mit einer hohen Motivation zur Realisation des Verhaltens.

Die Verhaltensabsicht ist von drei Determinanten abhängig (vgl. ◘ Abb. 2.1):

- von der *subjektiven Einstellung* gegenüber dem Verhalten,
- von der *sozialen Norm*, die sich auf das fragliche Verhalten bezieht (Ist das Verhalten gesellschaftlich anerkannt? Wie ist die Einstellung der Bezugsgruppe des Individuums zu diesem Verhalten einzuschätzen?),
- von der *individuellen Verhaltenskontrolle* (also der Fähigkeit, dieses Verhalten „kontrolliert" auszuführen und zu steuern).

Der Vorläufer der Theorie des geplanten Verhaltens war die **Theorie des vernünftigen** (oder überlegten) **Handelns** von den gleichen Autoren. Die Theorie des überlegten Handelns (englisch Theory of Reasoned Action – Fishbein und Ajzen 1975) postuliert, dass *Menschen vernunftgesteuerte Wesen* und in der Lage sind, die ihnen zugänglichen Informationen systematisch zu verarbeiten und sich nach diesen Informationen beziehungsweise deren *Nützlichkeit* zu verhalten. Es kommt jedoch nicht darauf an, ob die Informationen „richtig" sind oder nicht. Damit wird gesagt, dass Menschen generell dazu tendieren, von den Informationen, die sie finden bzw. die ihnen zugänglich sind, diejenigen auszuwählen, die für sie „günstig" sind. Das sind Informationen, die – in Verhalten umgesetzt – positive und gewinnbringende Folgen haben. Zum Beispiel geht es um Informationen, welche die Bezugspersonen des Individuums (Freunde, Partner und Partnerinnen, Arbeitskolleginnen/Arbeitskollegen) gutheißen würden.

> ▶ **Beispiel**
>
> Eine Krankenschwester - Raucherin erwartet, dass das Gesamtergebnis ihres Verhaltens (des Rauchens) für sie gewinnbringend ist. Sie verspürt einen körperlichen Genuss, wenn sie raucht, sie kann immer wieder Raucherpausen am Arbeitsplatz einlegen und dabei nette Schwätzchen mit den Kolleginnen halten. Das Gesamtergebnis übersteigt die „Versprechungen", die mit dem Nichtrauchen verbunden sind, nämlich irgendwann in ferner Zukunft drei Jahre länger zu leben (sie ist jetzt 28 Jahre alt). Sie interessiert sich also nicht für Berichte über die negativen Folgen des Rauchens, sondern für solche Informationen, welche die Schädlichkeit des Rauchens herunterspielen. Insbesondere sieht sie sich TV-Krimiserien an, in denen die wirklich guten Kommissarinnen und Kommissare in schwierigen und stressigen Situationen, die eine aufregende Lösung erfordern, wieder zur Zigarette greifen, obwohl sie das Rauchen ursprünglich aufgegeben haben. ◀

2

Bald nach der Formulierung der Theorie des vernünftigen bzw. überlegten Handelns wurde klar, dass diese Theorie ziemlich eng gefasst ist. Sie „funktioniert", das heißt lässt sich empirisch belegen, für vergleichsweise einfache Entscheidungen, die aus *nicht komplexen* Einstellungen resultieren, etwa in experimentellen Spielen. In komplexen Situationen erweist sich jedoch ihr Erklärungspotenzial als limitiert. Deshalb wurde sie erweitert und mündete in die Theorie des geplanten Verhaltens ein (Ajzen und Madden 1986 sowie Ajzen und Fishbein 1977).

Die Theorie des geplanten Verhaltens beinhaltet das gleiche Postulat wie die Theorie des überlegten Handelns. Zusätzlich spielt beim „geplanten Verhalten" jedoch auch die oben schon erwähnte *kognitive Verhaltenskontrolle* eine wesentliche Rolle. Der Begriff beschreibt die Einschätzung des Individuums, ob das nachfolgende Verhalten einfach oder schwierig sein wird und es in der Lage wäre, dieses Verhaltens ohne große Schwierigkeiten zu realisieren. Das Individuum **kontrolliert sich selbst** (interne Kontrolle), z. B.: „Besitze ich die Fähigkeit, diese Handlung auszuführen"? Das Individuum kontrolliert jedoch auch die **externen Bedingungen** und Einflussfaktoren, z. B.: „Bekomme ich genug Zeit und Geld, um so zu handeln?" (externe Kontrolle).

> Die Theorie des geplanten Verhaltens besagt entsprechend, dass es neben der Verhaltensabsicht und der Verhaltensmotivation sowie der Zugänglichkeit von Informationen auch der internen Kontrolle individueller Ressourcen und externen Hindernisse bedarf, um das Verhalten zu realisieren.

Gemäß der Theorie des geplanten Verhaltens ist das **Bindeglied** zwischen der Einstellung und Handlung die **Information**. Oder besser ausgedrückt, es sind die Informationen, deren Auswahl und deren Bewertung hinsichtlich der individuellen Nützlichkeit, und schließlich die Einschätzung der Realisierungschancen angesichts vorhandener individueller und externer Ressourcen.

Weil ein wichtiger Einflussfaktor auf dem Wege von der Einstellung zum Verhalten die Verhaltensabsicht ist (Intention), erklärt die Theorie des geplanten Verhaltens keine gewohnheitsmäßigen, sich wiederholenden Verhaltensweisen (z. B. Zähneputzen) oder Verhaltensautomatismen, sondern eher *die erstmalig oder selten durchgeführten Handlungen* (Jonas und Doll 1996). Beispiel: Aufnahme eines regelmäßigen Lauftrainings durch eine Person, die ansonsten immer nur vor dem Computer saß.

Aufgrund dieser Erstmaligkeit wird die Theorie des geplanten Verhaltens von den Marktforscherinnen/Markforschern sehr geschätzt: Sie eignet sich zur Erklärung von Kaufverhalten und zur Festlegung von Strategien, mit denen man potenzielle Käufer *zum Verhalten, also zum Erstkauf* animiert.

? Fragen

1. Welcher Forscher erkannte, dass sich Menschen unbehaglich fühlen, wenn ihre Emotionen, ihr Denken und ihr Verhalten nicht zueinander passen? Wie nannte dieser Forscher sein Denkmodell, das dieses Phänomen erklärte?
2. Was fällt Ihnen ein, wenn sie „Konsistenztheorien" hören?

3. Gibt es Anhaltspunkte dafür, dass die kognitive Dissonanz kulturspezifische Unterschiede aufweist?
4. Welche Art von Kontrolle spielt in der Theorie des geplanten Verhaltens eine bedeutende Rolle?

✔ Antworten

1. Der Forscher hieß Leon Festinger. Er benannte sein Denkmodell die Theorie der kognitiven Dissonanz.
2. Dass sich diese Theorien mit der Übereinstimmung aber auch den Widersprüchen zwischen den verschiedenen Komponenten von Einstellungen befassen, das heißt zwischen der emotional-affektiven Komponente, kognitiven Komponente und Verhaltenskomponente sowie mit Übereinstimmungen und Widersprüchen zwischen zwei oder mehreren Kognitionen.
3. Ja, die gibt es. Über eine solche Studie berichten Heine und Lehman (1997): Man verglich Stichproben in Kanada und im fernen Osten. Anscheinend entwickelten Japanerinnen und Japaner die kognitive Dissonanz unter anderen Bedingungen als Einwohnerinnen/Einwohner von Kanada, aber assimilierte Japanerinnen und Japaner zeigten die gleiche kognitive Dissonanz, wie Euro-Kanadierinnen und Euro-Kanadier.
4. Es geht um kognitive Verhaltenskontrolle. Das Individuum schätzt ein, was ihm das Verhalten bringt (Nützlichkeit) und ob es in der Lage wäre, das Verhalten zu realisieren (Vorhandensein von Ressourcen). Das Individuum kontrolliert sich selbst (interne Kontrolle) und ebenso kontrolliert es die externen Bedingungen des Handelns.

Zusammenfassung und Fazit

In diesem Kapitel wurden theoretische Modelle und empirische Experimente vorgestellt, welche sich mit der Beziehung „Einstellung – Verhalten" befassen. Zunächst wird untersucht, ob man anhand von Einstellungen das menschliche Handeln vorhersagen kann. Das funktioniert nicht so einfach. Da spielen noch zahlreiche weitere Faktoren mit (unbewusste Mechanismen, Persönlichkeit, soziale Normen usw.), die den Impuls zum Verhalten geben. Einstellungen und Verhalten korrelieren miteinander. Aber das erklärt noch keine „Ursache-Wirkung-Relation". Im zweiten Teil des Kapitels wird das allgemeine menschliche Bestreben thematisiert, ihre Einstellungen und ihr Verhalten in ein konsistentes und gleichgewichtiges Verhältnis zu bringen. Aber häufig gibt es diese Art von „Balance" nicht. Warum das so ist und wie die Bemühungen um das Gleichgewicht funktionieren, erklären die sozialpsychologischen Konsistenztheorien. Am populärsten ist die Theorie der kognitiven Dissonanz (Festinger 2012), die in diesem Kapitel detailliert erläutert wird. Leon Festinger, der Autor dieser Theorie, untersuchte Spannungen, die entstehen, wenn die Urteile, Werte und Meinungen eines Menschen nicht in Einklang zu bringen sind und speziell dem Verhalten dieser Person widersprechen. Festinger analysierte die Mechanismen. die zur Reduktion der kognitiven Dissonanz führen. Menschen verändern ihre Einstellungen, um eine Übereinstimmung mit ihrem Entscheidungshandeln zu erzielen. Dieser Prozess heißt Rationalisierung.

Literatur

Ajzen, I. (1985). From intentions to actions: A theory of planned behavior. In Kuhl, J. & Beckman, J. (Hrsg.): Action *Control* (S. 11–39). Berlin, Heidelberg: Springer.

Ajzen, I. & Madden, T. J. (1986). Prediction of goal-directed behavior. Attitudes, intentions, and perceived behavioral control. *Journal of Experimental Social Psychology,* 22 (5), 453–474.

Ajzen, I. & Fishbein, M. (1977). Attitude-behavior relations: A theoretical analysis and review of empirical research. *Psychological Bulletin*, 84(5), 888–918.

Aronson, E. (1969). The theory of cognitive dissonance: A current Perspective. In Berkowitz, L. (ed.): *Advances in experimental social Psychology*. New York, Academic Press, Vol. 4, S. 1-34.

Festinger, L. (2012). Theorie der kognitiven Dissonanz (2. Auflage). Bern: Verlag Hans Huber.

Festinger, L. & Carlsmith, J.M. (1959): Cognitive Consequences of Forced Compliance. *Journal of Abnormal and Social Psychology*, 47, S. 382–389

Fishbein, M. & Ajzen, I. (1975). *Belief, attitude, intention, and behavior*. Reading, MA: Addison-Wesley.

Gilovich, T.; Keltner, D.; Chen, S. & Nisbett, R.E. (2016): *Social Psychology*. New York, London: W.W. Norton & Company, Fourth Edition.

Grawe, K. (1998): *Psychologische Therapie*. Göttingen: Hogrefe,

Güttler, P. O. (2003). *Sozialpsychologie. Soziale Einstellungen, Vorurteile, Einstellungsänderungen.* München, Wien: R. Oldenbourg Verlag.

Haddock, G. & Maio, G.R. (2014). Einstellungen. In: K. Jonas, W. Stroebe, M. Hewstone (Hrsg.), Sozialpsychologie, Springer-Lehrbuch, Berlin Heidelberg: Springer-Verlag, S. 198–220, https://doi.org/10.1007/978-3-642-41091-8_6

Heider, F. (1979). On Balance and Attribution. In: Holland, P.W. & Leinhardt, S. (Eds.). *Perspectives on Social Network Research*. New York: Academic Press, S. 11–23.

Heine, S. J. & Lehman, D. R. (1997). Culture, dissonance and self-affirmation. *Personality and Social Psychology Bulletin*, 23. S. 389–400.

Hovland, C. I., Janis, I. L., & Kelley, H. H. (1953). *Communication and persuasion: Psychological studies of opinion change*. New Haven, CT: Yale University Press.

Jonas, K. & Doll, J. (1996). Eine kritische Bewertung der Theorie überlegten Handelns und der Theorie des geplanten Verhaltens. *Zeitschrift für Sozialpsychologie*, 27, 18–31.

Kraus, S. J. (1995). Attitudes and the prediction of behavior: A meta-analysis of the empirical literature. *Personality and Social Psychology Bulletin*, 21, 58–75.

Müller, S. (2005). *Management in Europa. Interkulturelle Kommunikation und Kooperation in den Ländern der EU*. Frankfurt/New York: Campus.

Sharot, T., Fleming, S. M., Yu, X., Koster, R., & Dolan, R. J. (2012): Is choice-induced preference change long-lasting? *Psychological Science, 23*, S. 1123–1129.

Six, B. (1992). Neuere Entwicklungen und Trends in der Einstellungs-Verhaltensforschung. In Witte, E. H. (Hrsg.), *Einstellung und Verhalten. Beiträge des 7. Hamburger Symposions zur Methodologie der Sozialpsychologie* (S. 13–33), Braunschweig: Braunschweiger Studien zur Erziehungs- und Sozialarbeitswissenschaft.

Wege zur Einstellungsänderung und Einstellungsbewahrung

Inhaltsverzeichnis

Die Ausführungen in diesem Kapitel basieren etwa zu einem Drittel auf dem Studienbrief von Garms-Homolová, V. (o. J.): Von der Kunst Leute zu durchschauen. Woher kommen meine und fremde Haltungen? Einstellungen und Urteilsbildung. Studienbrief der Hochschule Fresenius online plus GmbH. Idstein: Hochschule Fresenius online plus GmbH.

© Springer-Verlag GmbH Deutschland,
ein Teil von Springer Nature 2020
V. Garms-Homolová, *Sozialpsychologie der Einstellungen und Urteilsbildung*, Psychologie für Studium und Beruf,
https://doi.org/10.1007/978-3-662-62434-0_3

Dieses Kapitel mit dem Titel „Wege zur Einstellungsänderung und Einstellungsbewahrung" behandelt, wie man Menschen überzeugt und überredet. Das Phänomen heißt Persuasion und ist das wichtigste Instrument der Einstellungsänderung. Es werden verschiedene Modelle dargestellt. Die meisten beruhen auf Kommunikation beziehungsweise der Feststellung, dass eine Einstellungsänderung im Kommunikationsprozess stattfindet. Erläutert wird die sogenannte Einstellungsimpfung, die in fünf Schritten verläuft (Aufmerksamkeit, Verstehen, Akzeptanz, Beibehaltung und Verhalten), sodann das Modell der kognitiven Reaktionen und die Zwei-Routen-Theorie. Ein weiteres Modell (das Reaktanz-Prinzip) erklärt, was passiert, wenn auf Menschen Druck und Zwang ausgeübt wird, damit sie ihre Einstellungen verändern. Diskutiert wird die Frage, was Menschen befähigt, an ihren Grundsätzen festzuhalten und ihre Entscheidungs- und Handlungsspielräume zu verteidigen.

⊜ Nach eingehender Lektüre dieses Kapitels …

— wissen Sie, dass verschiedene Strategien zur Änderung von Einstellungen und zur Bewahrung erwünschter Einstellungen existieren,

— und dass die Kommunikation der Weg zur Einstellungsänderung ist;

— sind Sie in der Lage die Einstellungsimpfung (Inoculation Theory) und deren Verwendungsmöglichkeiten darzustellen,

— können Sie das Zwei-Routen-Modell erläutern,

— verstehen Sie, warum die Druckausübung kein zuverlässiges Erfolgsmittel für die Einstellungsänderung ist.

3.1 Einführung

Dieses Kapitel beschäftigt sich mit Strategien zur Einstellungs- und Verhaltensänderung. Im Zentrum stehen kommunikative Strategien, wobei zwei Ansätze genauer beleuchtet werden: die Verwendung von Anreizen und Belohnungen und die Überzeugung – Persuasion.

> **Definition**
>
> Eine **Einstellungsänderung** bedeutet im Grunde die Veränderung der subjektiven Wahrscheinlichkeit, dass die Konsequenzen vom nachfolgenden Verhalten neu bewertet werden (frei nach Fishbein und Ajzen 1975).

Das Thema Einstellungsänderung hat eine große Bedeutung, z. B. im Zusammenhang mit asozialen Einstellungen und mit Vorurteilen. Das wurde bereits bei den Klassikerinnen und Klassikern der Sozialpsychologie in den dreißiger und vierziger Jahren des vergangenen Jahrhunderts verstanden, die eine extreme Rassendiskriminierung sowohl in Europa als auch in den USA erlebt haben. Aber auch derzeit ist das Thema relevant. Nach einem Schlüssel zur Veränderung der diskriminierenden Einstellungen und Vorurteile wird kontinuierlich gesucht. Die

Forschungsaufmerksamkeit richtet sich nicht nur auf Vorurteile gegenüber Fremden oder Migrantinnen und Migranten (Zick und Küpper 2008), sondern auch auf sexistische Vorurteile (Six-Materna 2008), Vorurteile gegenüber alten Menschen (Krings und Kluge 2008) oder gegenüber dicken Personen (z. B. Apelt et al. 2012).

Jedoch erwiesen sich vorhandene Theorien und Resultate empirischer Untersuchungen bisher nur teilweise nützlich, wenn es darum ging, Einstellungen und Vorurteile zu verändern.

Ein wichtiges Aufgabenfeld für Einstellungsänderung sind die Gesundheitspsychologie und generell die Gesundheitsforschung. Dort geht es um die Förderung gesundheitsförderlicher Einstellungen, vor allem gesundes Verhalten, gesunde Lebensführung und ebenso die Vermeidung gesundheitlicher Risiken. Seit etwa vier Jahrzehnten bemühen sich Expertinnen und Experten um die Änderung der Einstellungen zum Umweltschutz und drohenden Klimawandel.

In der Konsumforschung ist man selbstverständlich auch an einer Einstellungsbeeinflussung interessiert. Es geht einerseits darum herauszufinden, wie Präferenzen für bestimmte Waren und Dienstleistungen geweckt und andererseits, wie ablehnende Einstellungen zu bestimmten Produkten und Diensten verändert werden könnten.

Studien haben gezeigt, dass man dann am ehesten Menschen dazu bewegt, neue Überzeugungen zu übernehmen, wenn es gelingt, alle drei Komponenten der Einstellungen – die affektive, kognitive und handlungsbezogene Komponente – zu verändern.

3.2 Kommunikation führt zur Einstellungsänderung

Den größten Einfluss auf Einstellungen hat die **Kommunikation** (Six 2007). Verschiedene Forschungsdisziplinen befassen sich damit, was direkte oder mediale interpersonelle Kommunikation und die Massenkommunikation hinsichtlich Einstellungsänderung bewirken. Es zeigt sich, dass Einstellungen beeinflusst werden, entweder

- absichtlich (*intendiert*) oder
- beiläufig (*nicht* intendiert),
- Einstellungen können durch neue Einstellungen *ersetzt* werden,
- Einstellungen können *ihre Richtung verändern* (ursprünglich negative Einstellungen werden *umgedreht*),
- Einstellungen können „*homogenisiert*" werden (so dass Unterschiede, ja sogar Polarisierungen zwischen Einstellungen von Gruppenmitgliedern verschwinden).

Oft haben eine unbeabsichtigte Einstellungsänderung oder eine Herausbildung neuer Einstellungen in der Öffentlichkeit einen schlechten Ruf (Six 2007). Über sie wird vor allem im Zusammenhang mit dem „schlechten Einfluss" von Medien und Computerspielen auf die Jugendlichen gesprochen. Zum Beispiel, Mädchen haben negative Einstellungen gegenüber ihrem eigenen Körper (sind finden sich überwiegend zu dick und unschön), weil sie von der Kosmetikwerbung beeinflusst werden.

Anders ist es in der Psychologie und Grundlagenforschung. Die belegen, dass es auf verschiedene Faktoren und Mittel der Kommunikation ankommt, um eine Einstellungsänderung zu erzielen und dass diese Änderung keineswegs einfach ist. Zu den wichtigen Bedingungsfaktoren der Änderung gehören **Informationen und das Objekt**, auf die sich die Einstellungen beziehen. Wichtig ist auch der *Kommunikator*, also den **Sender,** von dem die Botschaften ausgehen. Der Begriff „Sender" meint nicht nur Radio- oder TV, sondern auch Einzelpersonen, alle Objekte sowie Medien, von denen Informationen verbreitet werden.

Der Sender muss glaubwürdig und vertrauenswürdig sein – wenn auch vielleicht nur aus der Perspektive der Person, um deren Einstellungen es geht, also der *Rezipientin* und des *Rezipienten der* Informationen. Angehörige der politisch extrem rechten Gruppierungen bezeichnen die öffentlichen Medien als Lügenpresse. Für sie sind deren Informationen nicht vertrauenswürdig. Stattdessen nutzen sie andere, zum Teil obskure Informationsquellen, die über soziale Netzwerke und die Mundpropaganda „Fake-News" und Verschwörungstheorien verbreiten. Doch gerade diese „Sender" sind für Gruppen mit politisch rechter Gesinnung höchst glaubwürdig.

Hier wird deutlich, dass auch die *Situation und der soziale Kontext* der Kommunikation für Einstellungen und Urteile relevant sind. Das Individuum bezieht aus dem sozialen Kontext seine Vergleichsmaße für die Bewertung der Objekte seiner Einstellungen.

3.3 Einstellungsimpfung und Überzeugung

Die Aufgabe vorhandene Einstellungen zu ändern stellt sich speziell im Zusammenhang mit diskriminierenden und stigmatisierenden Einstellungen, z. B. in der Schule. Es wird gefragt: Was kann getan werden, um wünschenswerte **Einstellungen zu erhalten**? In der schulischen Situation bemühen sich Unterrichtskräfte darum, dass Schülerinnen und Schüler liberale Einstellung behalten und sich nicht von rechtsgesinnten Mitschülerinnen oder Mitschülern indoktrinieren lassen.

Mit der Erhaltung von Einstellungen experimentierte William J. McGuire (1964). Seine Theorie der **persuasiven Kommunikation,** also einer Kommunikation, die überzeugen soll, basiert auf *Abwehrmechanismen* (Resistenz) gegen eine Änderung von positiven Einstellungen in unerwünschte Einstellungen. Zum Beispiel sollte eine Jugendliche oder ein Jugendlicher gegen die Verführung zum Rauchen geimpft werden.

Passenderweise wird McGuirre's **Inoculation Theory** oder auch **Immunisierungstheorie** genannt. Diese Namenswahl hängt damit zusammen, dass die Postulate von McGuire dem bio-medizinischen Denkmodell folgen. Er wollte Menschen gegen Überredung (Persuasion) und Propaganda impfen (*immunisieren*), um ihre *Resistenz* gegen unerwünschte Ansichten und Urteile zu erhöhen. Deshalb ist von der *Impfung* die Rede.

Grundlegend für diese Theorie ist der Begriff *Truismus, abgeleitet vom englischen „tue", also wahr. Entsprechend sind Truismen allgemein anerkannte Wahrheiten* (weit verbreitete Einstellungen). McGuire (1964) glaubte an die Möglichkeit, dass sich Einstellungen gegenüber den Truismen besonders leicht verändern lassen, da diese ohnehin allgemein akzeptiert sind. Menschen sind weder motiviert noch gewohnt, allgemein gültige Überzeugungen infrage zu stellen. Aber gerade die allgemeine Gültigkeit der Truismen ist ein Grund dafür, weswegen die Theorie kritisiert wird. Denn sie behandelt **nur** die Einstellungen, die in der westlichen Kultur für selbstverständlich gehalten werden. Ein Beispiel: die allgemein positive Einstellung zum Zähneputzen nach Mahlzeiten. Aber mit der Theorie lässt sich nicht die Veränderung seltenerer, komplexerer Einstellungen erklären, die erwartungsweise Widerstand hervorrufen könnten.

Die **Kognitive Impfung** funktioniert so, dass gegen die ausgewählte Einstellung Gegenargumente eingesetzt werden, die jedoch gleichzeitig widerlegt werden können. McGuire (1964) nahm an, dass die widerlegbaren Gegenargumente länger behalten würden als die Pro-Argumente. Diese Hypothese ist das Herzstück der Theorie der kognitiven Impfung (Inoculation Theory).

McGuire (1985) lieferte ein Modell mit fünf Schritten: 1. Aufmerksamkeit, 2. Verstehen, 3. Akzeptieren, 4. Beibehalten, 5. Verhalten. Wenn die Impfung effektiv sein sollte, müssten die Personen, denen sie gilt, alle fünf Schritte durchlaufen. Aber das ist für Kampagnen (zum Beispiel in der Gesundheitsförderung oder auch in der politischen Bildung) nicht praktikabel. Daher wurde das Modell modifiziert (Six 2007) und in der Regel kommen nur die ersten drei Schritte zur Anwendung. In Experimenten fokussieren manche Forschenden auch nur zwei Schritte (Verstehen und Akzeptieren – vgl. bei Stroebe 2014, S. 234).

▶ **Beispiel**

(zitiert nach Compton et al. 2016)

Verschiedene Strategien der Gesundheitsförderung richten sich nach dieser Theorie, z. B. das Verfahren, mit dem Teenager vom Rauchen abgehalten werden sollen. Das Verfahren beginnt mit einer Warnung vor dem Rauchen und auch der Feststellung, dass das Rauchen unter Jugendlichen heute nicht mehr cool ist. Diese Botschaft soll Aufmerksamkeit wecken und in zweiter Linie eine gewisse negative Einstellung zum Rauchen bei jugendlichen Programmteilnehmerinnen/Programmteilnehmer hervorrufen. Dann kommt aber eine Reihe von Gegenargumenten, so wie diese auch von Jugendlichen formuliert werden könnten, z. B. „Rauchen ist echt nicht so schlimm für Dich". Danach folgen jedoch Gegenargumente, welche die ersten Gegenargumente widerlegen sollen: „In Wirklichkeit ist das Rauchen sehr schlecht für Dich, nämlich wegen der Krebsgefahr und weil Du schlechte Zähne und hässliche Haut kriegst und weil Deine Klamotten dauern stinken würden."

Nach Meinung von Compton et al. (2016) kann dieses Inoculationsverfahren bei vielen ähnlich gelagerten Probleme des Gesundheitsverhaltens angewandt werden, jedoch nur, wenn die Teenagers schon darüber nachgedacht haben, das Rauchen nicht aufzunehmen und wenn die Leute, die für die potenziellen Gegenargumente zuständig sind, eine wirklich geeignete Formulierung finden (Ivanov 2012), was sicher nicht leicht ist, weil man den Ton der Zielgruppe treffen muss. ◀

Der ursprüngliche Ansatz der **„Einstellungsimpfung"** gilt heute als überholt, da die aus ihm resultierende Überzeugungsstrategie (Persuasion) eine gründliche kognitive Bearbeitung dargebotener Informationen erfordert (Six 2007). Aber Menschen verfügen nicht immer über die Kapazität, um sich mit jeder Information auseinanderzusetzen, die auf sie einströmt. Darüber hinaus kann ihre Motivation, die eigene Einstellung zu behalten, nicht immer vorausgesetzt werden.

Die in nachfolgenden Abschnitten dargestellten Modelle zeigen weitere Persuationsansätze zur Einstellungsänderung auf.

„Unter Persuasion wird die Beeinflussung von Einstellungen und/oder Verhalten durch gezielte Kommunikation verstanden (Überzeugungsversuche z. B. anhand von Informationen und Argumenten, Appellen oder Verhaltensinstruktionen; siehe Six 2007, S. 109).

Persuasive Kommunikation kann
- im Rahmen punktueller oder längerfristiger Maßnahmen stattfinden,
- Effekte bei einzelnen Personen oder Breitenwirkung anstreben,
- sich auf kurz – und/oder langfristige Ziele richten,
- sich im privaten wie auch im öffentlichen Leben abspielen,
- explizite (direkte) oder subtile (indirekte) Botschaften beinhalten und dabei
- nichtmediale und/oder mediale Kommunikationswege, -kanäle und -strategien einbeziehen" (Six 2007, S. 109).

Zur Frage, wie Einstellungen durch persuasive Kommunikation gebildet, geformt oder stabilisiert und modifiziert werden, gibt es viele verschiedene Theorien. Sie alle behandeln ein komplexes Gefüge zahlreicher Wirkungsfaktoren.

3.4 Nachdenken über Argumente und Gegenargumente – Modell kognitiver Reaktionen

Die meisten dieser Theorien unterstreichen die Bedeutung kognitiver Funktionen bei der Einstellungsänderung, so auch die **Theorie des Akzeptierens** (Greenwald 1968). Aber im Gegensatz zu McGuire (1985), der zeigte, dass Informationen und das *Verstehen* von Argumenten und Gegenargumenten wichtig sind, verdeutlicht die Theorie des Akzeptierens, dass diese Argumente und Gegenargumente **kognitive Reaktionen** des Individuums hervorrufen. Das Individuum entwickelt Gedankengänge und Überlegungen, die schließlich dazu führen, dass es überzeugt wird, seine Einstellung zu verändern. Diese Theorie wird auch **Modell der kognitiven Reaktionen** genannt (cognitive response model – Stroebe 2014, S. 235). Wenn ein Individuum einer Diskussion zuhört, in der Pro- und Kontraargumente vorgebracht werden, wird es dazu angeregt, sich Gedanken zu machen. Dabei werden die im Bewusstsein des Individuums eingelagerten Wissensbestände aktiviert und mit aktuellen Informationen verbunden. Das Individuum führt sozusagen ein Selbstgespräch über das gegebene Problem. Stroebe (2014) spricht von „einer mentalen Diskussion". Das Individuum hört der Argumentation oder Gegenargumentation zu (es kann sie aber auch in der Presse oder Medien aktiv verfolgen) und stellt sie in Beziehung zu eigenen Gedanken. „Es sind diese selbst vorgebrachten Gedanken und nicht die präsentierten Argumente per se, die die Einstellungsänderung bewirken." (Stroebe 2014, S. 235).

3

Der Erfolg der Persuasion hängt nach dieser Theorie nicht unbedingt von der Überzeugungskraft der persuasiven Kommunikationselemente, also nicht vom Inhalt und von der Attraktivität sowie Intensität seiner Präsentation. Wichtig ist allein, ob diese Kommunikationselemente **zum Nachdenken anregen**.

Diese Theorie hatte schon Vorläufer. Forschende suchten nach Möglichkeiten, um zu den kognitiven Reaktionen beziehungsweise zu der mentalen Diskussion, die Menschen mit sich selbst führen, vorzudringen. Hovland und Weiss (1951) schlugen bereits vor der Formulierung der Theorie des Inoculationsverfahren, dass die Zielpersonen von Untersuchungen dazu bewegt werden sollen, ihr Nachdenken zu verbalisieren. Andere Forschende entwickelten die Methode der **Gedankenauflistung** (Greenwald 1968). Die Zielpersonen werden gebeten, alle Gedanken, die sie beim Zuhören zu der Argumentation hatten, aufzuschreiben. Später werden die Gedanken in Gruppen geordnet: in befürwortende und ablehnende Überlegungen.

Das Modell der kognitiven Reaktionen konzentriert sich dementsprechend auf die Gedanken, die sich Menschen **selbst** machen, nicht auf die Inhalte der Argumente und die Art ihrer Präsentation. Spätere Forschungen bezogen jedoch diese Faktoren mit ein. Wenn die Argumente inhaltlich stark sind und zusätzlich noch attraktiv hervorgebracht werden, müssten sie eher überzeugen und Zustimmung hervorrufen als schwache Argumente, die noch dazu langweilig vorgebracht werden! (Petty et al. 1976). Korrelationsuntersuchungen deuten an, dass dieser Zugang richtig war: Häufigere und durchschlagende Argumente befördern offensichtlich eher die Persuasionseffekte. Menschen werden eher überzeugt, ihre Einstellungen zu verändern, wenn ihnen gehaltvolle Messages wiederholt präsentiert werden.

3.5 Zwei Wege der Überzeugung: Elaboration-Likehood-Model (ELM)

Die Einstellungsimpfung aber auch das Modell der Kognitiven Reaktionen sind Theorien, die auf die Kognition der Menschen hohe Ansprüche stellen. Bei der Einstellungsimpfung wird eine elaborierte, systematische Informationsverarbeitung vorausgesetzt. Zugleich ist die Theorie nicht sehr tragfähig, weil in ihrem Zentrum die Truismen stehen, also relativ einfache Wahrheiten, die keiner großen Überzeugung bedürfen. Andere Modelle sind weit komplexer und deshalb erfolgreicher, wenn es um die Erklärung geht, wie Einstellungen beeinflusst werden können.

Petty und Cacioppo (1986) entwickelten das **Elaboration-Likelihood-Model (ELM)**. Dieses Modell zeigt, wie eine effektive Kommunikation aussehen müsste, um zum Ziel der Einstellungsänderung zu führen.

Konstitutiv für dieses Modell ist die Annahme, dass zur Einstellung zwei Überzeugungswege führen (Petty und Cacioppo 1986) (vgl. ◘ Abb. 3.1): die zentrale und die periphere Route.

1. Die **zentrale Route** setzt eine hohe Motivation und Fähigkeit zur Informationsverarbeitung voraus.

Menschen lassen sich überzeugen und deren Einstellungen lassen sich verändern, wenn eine sorgfältige Vorbereitung stattfindet und sie angemessen informiert wer-

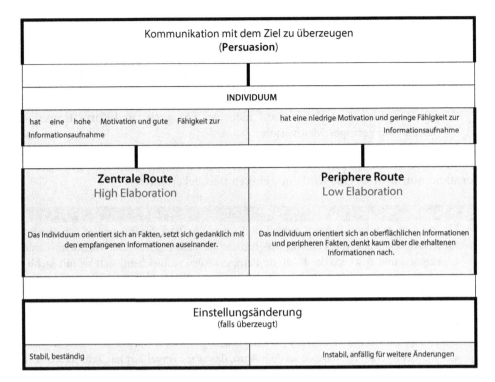

☐ Abb. 3.1 Schema des Elaboration-Likelihood-Model. (Quelle: eigene Darstellung in Anlehnung an Petty und Cacioppo 1986)

den. Eine wichtige Voraussetzung dafür ist die *Bereitschaft* sich zu informieren (Motivation), so zum Beispiel, wenn die Menschen erkennen, dass die Informationen ihnen Vorteile bringen. Am wahrscheinlichsten ist die Einstellungsveränderung allerdings dann, wenn die Information mit den Überzeugungen übereinstimmt, die diese Menschen ohnehin schon hatten. Die erreichte Veränderung ist in der Regel stabil und beständig.

> ▶ **Beispiel für die Zentrale Überzeugungsroute beim ELM**
>
> Marie will sich ein neues Auto kaufen. Der Hyundai-Verkäufer führt ihr das Kona-Elektroauto vor. Es ist aber teurer als das konventionelle Modell der Kategorie, für die sich Marie interessiert. Marie ist sehr an ökologischen Fragen interessiert und will ganz genau wissen, wie es um die ökologische Bilanz des Kona-Elektroautos steht. Sie bekommt vom Verkäufer den Internetlink, wo sie eine genaue Berechnung finden kann. Der Verkäufer kalkuliert die Ersparnis, die der Zuschuss zur Förderung der Elektromobilität mit sich bringt. Das Auto ist aus Maries Sicht schön und exklusiv (nicht jeder hat ein solches Auto). Sie will sich alles überlegen und ruft noch ein paarmal wegen zusätzlicher Angaben an.
>
> **Bedingungen der Einstellungsänderung:** Marie ist wissbegierig und hat ein hohes Informationsbedürfnis. Sie sucht aktiv nach Informationen. Diese Informationen sind für sie persönlich relevant, weil sie sich als „Öko-Person" rechtfertigen muss, dass sie Auto fährt, statt nur mit dem Fahrrad zu fahren. Ihre Bezugspersonen kritisieren die Fahrer/

3

Fahrerinnen normaler Fahrzeuge als Klimavernichter/Klimavernichterinnen. Marie hätte mit dem Auto Vorteile (Geldzuschuss, Ästhetik und das bisher leistungsfähigste Elektro-SUV-Auto). Sie ist bereit, sich vom normalen Benziner zum elektrisch angetriebenen Auto umzuorientieren. Sie wiederholt deshalb ihre Informationssuche (ruft an, besucht die Info-Seite im Internet). ◄

2. Die **Periphere Route** basiert auf niedriger Fähigkeit zur Informationsaufnahme und geringer Motivation.

Manche Menschen orientieren sich an Nebensächlichkeiten und haben geringe Informationsansprüche. Das wird am weiteren Beispiel erläutert.

► Beispiel

Um bei dem Autokauf-Beispiel zu bleiben: Es geht um Petra. Sie interessiert sich speziell für das Aussehen des Autos und die Möglichkeit, damit anzugeben. Der Verkäufer würde es erkennen und er würde der Käuferin Petra eventuell schmeicheln, statt sie mit sachlichen Informationen zu versorgen, nach denen sie ohnehin nicht fragt. Sie behauptet von sich, dass sie von den Umweltgeschichten nichts versteht. Vom Verkäufer bekommt auch sie die Links und entsprechende Informationen, aber hat wenig Lust diese zu studieren (sie hat geringes Bedürfnis nach kognitivem Input). Sie lässt sich eventuell beindrucken von den Komplimenten des Verkäufers (Sie ist abgelenkt). Vor dem Nachhauseweg signalisiert sie zwar dem Verkäufer, dass sie an dem Auto, das er ihr vorgeführt hat, sehr interessiert ist, eventuell lässt sie es sich reservieren. Aber nach zwei Wochen kommt sie wieder und sagt, dass sie doch lieber ein Cabriolet haben möchte. Petras Fall ist hier ein Beispiel für die periphere Route der Informationsverarbeitung. Ihre **Einstellungsänderung** (so sie überhaupt eingetreten ist) währt gerade eine Woche, ist also höchst instabil. ◄

Das ELM-Modell wurde weiterentwickelt. Bei empirischen Tests der Modellgültigkeit wurde festgestellt, dass es zahlreiche praktische Implikationen haben kann. Es wird in der Gesundheitsprävention, der psychologischen Beratung, der Psychotherapie und im Marketing appliziert.

Eine Ähnlichkeit mit dem ELM-Modell hat das **HSM-Modell.** Diese Abkürzung steht für „**Heuristic-Systematic-Model**" (*Heuristisches-systematisches Modell der Persuasion*, Chaiken et al. 1989). Auch dieses Modell zeigt zwei Wege zur Einstellungsänderung auf. Es handelt sich um die **systematische** und die **heuristische Route.**

1. Die systematische Route entspricht der zentralen Route beim ELM, die heuristische entspricht der peripheren Route. Diese Routen unterscheiden sich voneinander in allen ihren Phasen und Merkmalen: In der Information und ihrer Tiefgründigkeit beziehungsweise Vertrauenswürdigkeit, im Verfahren des Senders, jedoch auch in der Wahrnehmung der Rezipientin und des Rezipienten. Charakteristisch für die **systematische** Route ist die Tatsache, dass die Persuasion auf Nachrichten (Messages) basiert, die eine *logische Argumentation* verwenden und deren Inhalte durch sorgfältig ermittelte Fakten belegt sind. Die Auseinandersetzung mit diesen Messages erfordert von der Rezipientin oder dem Rezipienten einen Denkaufwand, Gedächtnisaufwand und Vorstellungskraft, also kognitive Leistungen, die zum Teil hochgradig sein müssen. Erst

dann kann die Auseinandersetzung mit den Messages wahrscheinlich – aber nicht notwendigerweise – zur Einstellungsänderung führen. Mit dieser Art von Persuasion wird beispielsweise in der Bildungsarbeit gearbeitet.

2. Die **heuristische** Route der Überzeugung ist charakterisiert durch eine relative Oberflächlichkeit der angebotenen Informationen. Die Botschaft (Message) zeichnet sich durch eine niedrige Evidenz aus. Sie adressiert die Rezipientinnen und Rezipienten, die sich nicht viele Gedanken machen wollen.

> ▶ **Beispiel 1 für die heuristische Route**

Die Werbung für Nahrungsersatzprodukte behauptet, dass viele wissenschaftliche Studien die Wirksamkeit bestätigt haben. Die Quelle dieser Behauptung, d. h. eine Literaturangabe oder Zitation, werden nicht aufgeführt. Die Rezipientin oder der Rezipient vertrauen der „simplen Heuristik". ◀

> ▶ **Beispiel 2 für die heuristische Route**

Die Sprechstundehilfe in der Arztpraxis sagt der Patientin, dass sie eine Behandlung mit bestimmten Elektrowellen bekommt. Es ist eine IGeL-Leistung, für die die Patientin selbst zahlen muss, und an der die Praxis gut verdient. Die Sprechstundehilfe sagt einfach „Unser Herr Doktor empfiehlt es immer in solchen Fällen, wie dem Ihren". Die Patientin fragt nicht nach, sie vertraut blindlinks der Empfehlung des Experten, für den sie den Herrn Doktor hält. Sie unterrichtet sich auch nicht in entsprechenden zuverlässigen Informationsportalen darüber, dass die Wirksamkeit dieser Wellen in keiner der bisher durchgeführten, qualitativ hochwertigen Untersuchungen bestätigt werden konnte. Im Gegenteil, die Patientin entwickelt womöglich eine emotionale Zuneigung zu dem Doktor, der ihr so viel Sorgfalt entgegenbringt, dass er ihr eine Extraleistung empfiehlt, die sich nicht im Kassenkatalog befindet. Sie verändert somit Ihre Einstellung zu dem Arzt, den sie bis dahin für arrogant hielt. ◀

Zusammenfassend kann man unterstreichen, dass beide Modelle der Persuasion, das ELM- und HSL-Modell zwei Wege nutzen, um die Prozesse der Überzeugung zu erklären. Jeder Weg beziehungsweise jede Route ist angepasst an die kognitiven Fähigkeiten der Informationsverarbeitung und an die Motivation der Rezipientinnen und Rezipienten.

3.6 Das Streben nach Entscheidungs- und Handlungsfreiheit – das Reaktanz-Prinzip

Viele Menschen in unserer Gesellschaft sind nicht angepasst und gehorsam. Sie verteidigen Ihre Unabhängigkeit, reagieren kritisch auf Autoritäten und unumstößliche Weisheiten, aber auch auf gut empirisch belegte Fakten. Der Satz „Bei uns wird es aber so gemacht" kann sie dazu bringen, ihren Arbeitsplatz aufzugeben. Es gibt immer wieder auch Personen, die sich melden, dass im Betrieb, z. B. im Krankenhaus, nicht alles mit rechten Dingen geht.

Was befähigt diese Menschen an ihren Meinungen und ihrem Gewissen festzuhalten? Und wie schaffen sie es, dem Druck von außen zu widerstehen?

Mit diesen Phänomenen befasst sich die *„Reaktanz-Theorie".* *Sie erklärt, was passiert,* wenn auf ein Individuum Druck ausgeübt wird, um es dazu zu bringen, sich gegen die eigenen Einstellungen und Überzeugungen zu verhalten. Einige Sozialpsychologinnen und Sozialpsychologen nennen das Phänomen *Romeo-Julia Effekt* (siehe Güttler 2003, S. 244). In dieser klassischen Geschichte von Shakespeare geht es um zwei Liebende, deren Familien zerstritten waren. Je mehr sich die Familien bemühten, das Paar auseinanderzubringen, desto stärker wurde die Beziehung von Romeo und Julia.

Sozialer Druck erzeugt häufig eine Opposition. Die **Reaktanz-Theorie** von Jack W. Brehm (1966), zeigt, dass Menschen meistens bemüht sind, ihre *Handlungsfreiheit und Entscheidungsfreiheit* zu wahren. Unter Druck und Zwang entwickelt sich ein motivationaler Zustand, das sogenannte *„Widerstandsmotiv",* das dafür verantwortlich ist, dass die Person genau die gegensätzliche Verhaltensweise wählt. Sie widersteht dem Druck, der auf sie ausgeübt wird. Das gegensätzliche Verhalten unter Druck und Zwang heißt *„Reaktanz"* (Brehm 1966). Erst wenn die (empfundene) Einengung nachlässt, ist die Person gewillt, zuzustimmen und das erwünschte Verhalten nicht zu verweigern.

Die ◘ Abb. 3.2 stellt die Bedingungen des Entstehens von Reaktanz dar. Auf der linken Seite oben wird gezeigt, dass das Individuum Wahlmöglichkeiten hat und diese erkennt (Kästchen „Vorhandensein von Wahlmöglichkeiten"). Zweitens muss das Individuum die vorhandenen Freiräume für relevant halten. Wenn es dem Individuum völlig egal ist, was passiert, wenn es also die Handlungsfreiheit nicht für relevant hält, wird es keinen Widerstand gegen den wahrnehmbaren Druck und Freiraumeinschränkung entwickeln. Als drittes muss sich die Person der Tatsache bewusst sein, dass ihre Handlungsfreiheit „bedroht" ist (siehe Kästchen links unten). Der Druck beziehungsweise die Einschränkungen der Wahl- und Handlungsfreiheit sind auf der rechten Seite dargestellt. Sie kommen entweder von außen (externer Druck) oder von Faktoren und Merkmalen, die der Person immanent sind.

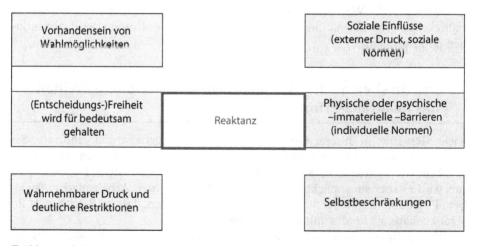

◘ **Abb. 3.2**   Schematische Darstellung der Reaktanz-Entwicklung (eigenes Bild der Autorin)

Das **Widerstandsmotiv** ist die Bereitschaft, die ursprüngliche Situation zu bewahren, die vorhanden war, bevor das Individuum dem Druck und Zwang ausgesetzt war. In dieser Situation standen dem Individuum noch Entscheidungs- und Handlungsspielräume zur Verfügung. Das Individuum konnte zwischen verschiedenen Handlungsoptionen wählen. Es war in der Lage zu bewerten, was es für sinnvoll und vorteilhaft hielt. Deshalb konnte es einer bestimmten Handlungsalternative vor allen anderen den Vorzug geben. *Das Widerstandsmotiv initiiert Prozesse, die eine kognitive Basis haben (bewusste Entscheidung) oder mindestens einige kognitive Elemente beinhalten.*

Bemerkenswert ist, dass die Wahrnehmung des Zwangs **nicht nur auf negative** Situationen beschränkt ist. Viele Menschen fühlen sich durch Nettigkeiten, ungebetene Hilfeleistungen und natürlich durch direkte oder indirekte Bestechungsversuche eingeengt. Das bestätigen verschiedene Experimente. *Die Opposition gegen die Beschränkung der Spielräume erhöht die Attraktivität der Objekte oder sozialen Ereignisse.* Sie werden aufgewertet. In der Opposition steigt die Attraktivität des verbotenen Objekts. Auch *dieses Phänomen wird als eine Einstellungsänderung* interpretiert.

Wenn jedoch Menschen keine Wahlmöglichkeiten sehen, tendieren sie dazu, die „verbotenen" (oder besser *„blockierten"*) Handlungsoptionen abzuwerten. In der Fabel vom Fuchs und den Trauben heißt es passend: *„Der Fuchs biss die Zähne zusammen, rümpfte die Nase und meinte hochmütig: ,Sie sind mir noch nicht reif genug, ich mag keine sauren Trauben.' Mit erhobenem Haupt stolzierte er in den Wald zurück."*

Wenn sich diese Situation der fehlenden Wahlmöglichkeiten wiederholt, schwindet die Motivation, sich um die freien Entscheidungen und Entscheidungsspielräume zu bemühen („Es hat sowieso keinen Sinn!"), so die Einstellung. Martin Seligman (2016), der die **Theorie der erlernten Hilflosigkeit** (*learned helplessness*) entwickelte, beschreibt, was in solchen Fällen passiert: Die Menschen werden entweder aggressiv, feindselig und völlig negativistisch. Oder sie resignieren, ziehen sich zurück und verlieren jedwede Motivation.

Für Wirtschaftspsychologinnen und Wirtschaftspsychologen ist es gut zu wissen, dass gerade das resignative Verhalten der Arbeitnehmerinnen und Arbeitnehmer und ihr progressiver Rückzug Anzeichen einer schlechten Unternehmenskultur sind. Die „unterdrückten" Mitarbeiterinnen und Mitarbeiter, die nur als „Rädchen im Getriebe" behandelt werden und keine Entscheidungsspielräume haben, geben sich buchstäblich selbst auf. Man spricht von *einer* „inneren Emigration". Diese soll von einer guten Führung im Unternehmen unbedingt verhindert werden. Denn die „inneren Emigranten" bringen den Unternehmen wenig.

Folgende Alltagssituationen können zu Reaktanz führen (Güttler 2003, S. 248 ff.).

- Eine Alternative, die durch das Zutun einer anderen Person verloren ging, wird aufgewertet.
- Zensur/Nachrichtensperre (= totale Elimination der Entscheidungsfreiheit): Die Reaktanz zeigt sich als der Versuch sich das verbotene Nachrichtenmaterial zu beschaffen. Wenn das nicht geht, entwickeln die Menschen eine Sympathie für das unzugängliche Material oder dessen Autoren.
- Die Anordnung von Objekten in verschiedener Entfernung von einer Person auf einem Tisch kann die Reaktanz hervorrufen. Die Person würde die entfernt platzierten Objekte bevorzugen.

— Eltern verbieten ihrem Kind, mit seinen neuen Schuhen Steine zu kicken. Das Kind hört zwar auf, beginnt aber mit den neuen Schuhen durch Pfützen zu laufen. Das ist ein Versuch der Wiederherstellung der Handlungsfreiheit.

❓ Fragen

1. Auf dem Campus der Hochschule X haben Studierende soeben einen kleinen Kiosk (besser gesagt „Suppenküche") aufgemacht. Hier werden einfache „Take-out-Suppen" angeboten. Die Basis bietet das Gemüse aus dem Versuchsgarten des Instituts für Nutzpflanzenbiologie. Die Suppen werden nur in selbstgebrachtes, wiederverwendbares Geschirr (z. B. Tupperware, Keramik, Bambus etc.) ausgeschenkt. Es ist zu erwarten, dass der Einstieg ins Geschäft nicht ganz leicht sein wird. Denn die Hochschule verfügt über verschiedene Kantinen und eine Mensa, die Geschirr haben, so dass man keine Behälter mitbringen muss. Take-out-Speisen werden in eine Alufolie oder Styropor eingepackt, was für viele Studierende bequem ist. Entwerfen Sie bitte zwei Vorschläge für eine Werbekampagne für diesen Kiosk. Nutzen sie die systematische (zentrale) Route und auch die heuristische (periphere) Route.

2. Sie begleiten Ihre Freundin in ein Modegeschäft. Ihre Freundin probiert mehrere Kleider, aber sie stehen ihr nicht hundertprozentig, bis auf ein einziges Kleid. Die Verkäuferin ist nicht müde, ihrer Freundin die Kleider aufzuschwatzen. Da steht Ihre Freundin auf und sagt: „Lass uns gehen! Ich kaufe doch nichts." Dabei passte ihr das eine Kleid hervorragend. Aber ihr wurde das Handeln der Verkäuferin zu viel. Sie selbst spürten, dass ihre Freundin eine Abneigung gegen das Geschäft während der Einkaufsprozedur entwickelt hat. Erklären Sie bitte mit den Begriffen einer sozialpsychologischen Theorie, was vorgefallen war. Welche Theorie erklärt solches Verhalten? Wie lief der Prozess ab?

3. In der nachfolgenden Tabelle befinden sich Namen verschiedener Theorien, mit denen die Einstellungsveränderung und/oder Einstellungserhaltung erklärt wird (linke Seite der Tabelle). Die rechte Tabellenspalte ist leer. Bitte ordnen Sie dorthin die folgenden Namen jeweils der Theorie zu, an deren der Formulierung diese Persönlichkeit maßgeblich beteiligt war: Jack W. Brehm, Shelly Chaiken, Martin Seligman, R.E. Petty und J.T. Cacioppo, William J. McGuire, A.G. Greenwald.

Name der Theorie	Bitte den jeweils passenden Autorennamen zuordnen:
Inoculation Theory	
Theorie des Akzeptierens	
Elaboration-Likehood-Model	
Heuristic Systematic Model	
Theorie der erlernten Hilflosigkeit	
Reaktanz-Theorie	

✅ Antworten

1. Eine Werbeaktion, die sich an die Bedingungen der systematischen (zentrale) Route anlehnt, sollte mit dem Wissen über Umweltbelastung durch Plastik (Styropor) und Verschwendung von Rohstoffen (Alufolie) arbeiten. Auf dem Campus könnten Tableaus mit entsprechenden Informationen ausgehängt werden. Internet-Links zu weiterführenden Informationen könnten erläutern, wie viel Bauxit (Rohstoff für die Alufolie) eingespart wurde und wie dadurch die Waldabholzung verringert werden konnte. Auch könnte darauf hingewiesen werden, dass das Rohstoff Bauxit im Lebensraum indigener Völker gewonnen wird. Wöchentlich sollte die Information aktualisiert werden. Begleitend könnte in der Hochschule eine Ringvorlesung über das Thema „Alufolie und Lebensraumzerstörung" angeboten werden, die sich mit Klima, Abholzung und Verdrängung indigener Menschen befasst. **Das ist nur ein Vorschlag. Wir vertrauen darauf, dass Sie noch bessere kreative Ideen haben, die Sie hier aufschreiben!**

   Heuristische (periphere) Route kann andere Aspekte der Werbeaktion betonen, die vielleicht für die Studentinnen/Studenten wichtig sind, die sich für die Umweltprobleme nicht interessieren. Schwerpunkt wären z. B. Life-Style, alternative Ernährung. **Vielleicht haben Sie kreative Ideen, die Sie hier aufschreiben, und die bei denen wirken, die sich nicht über Umwelt Kopf zerbrechen!**

2. Mit diesen Phänomenen befasst sich die „*Reaktanz-Theorie*". Sie erklärt, was passiert, wenn auf ein Individuum *zu viel Druck ausgeübt* wird, um es dazu zu bringen, sich von seinen Einstellungen zu distanzieren (Diese bestanden in den Zweifeln der Freundin am guten Aussehen der angebotenen Kleider). Der Druck erzeugt ein Widerstandsmotiv – eine Bereitschaft, die ursprüngliche Situation zu erhalten, die vorherrschend war, bevor die Freundin dem Druck und Zwang ausgesetzt war: „Ich behalte das Kleid, dass ich schon habe". Die Verkäuferin engte die Entscheidungs- und Handlungsspielräume der Freundin ein, so dass die Freundin ihre Einstellung änderte. Ihre Einstellung zu dem gesamten Geschäft veränderte sich von „positiv" zu „negativ". Sie wollte in dem Geschäft *gar nichts mehr* kaufen.

3. Lösung der Aufgabe 3:

Name der Theorie	Passende Autorennamen:
Inoculation Theory	William J. McGuire
Theorie des Akzeptierens	A.G. Greenwald
Elaboration-Likelihood-Model	R.E. Petty & J.T. Cacioppo
Heuristic Systematic Model	Shelly Chaiken
Theorie der erlernten Hilflosigkeit	Martin Seligman
Reaktanz-Theorie	Jack W. Brehm

3

Zusammenfassung und Fazit

Erziehungs- und Beratungskonzepte, die politische Bildung und Gesundheitserziehung und weitere gesellschaftliche Bereiche haben die Aufgabe, positive („gute") Einstellungen zu bewahren und negative Einstellungen (z. B. Vorurteile) zu verändern. Aber wie kann das gelingen? Mehrere theoretische Modelle erklären die Möglichkeiten der Einstellungsveränderung. Eine Auswahl dieser Theorien wurde vorgestellt, vor allem Einstellungsimpfung nach McGuire (1964), Modell der kognitiven Reaktionen von Greenwald (1968); Persuasion nach Petty und Cacioppo (1986) und Reaktanz-Theorie nach Brehm (1966). Es wird gezeigt, unter welchen Umständen die Modelle eine empirische Gültigkeit haben und welche Praxisbereiche mit ihrer Anwendung bereits Erfahrungen machen konnten.

Literatur

Apelt, G., Fabich, A., Laurisch, E., Paul, M., Garms-Homolová, V. (2012). „Ein dicker Mensch ist dick – und fertig". Eine qualitative Studie zu den Einstellungen von Pflegemitarbeiter(innen) gegenüber adipösen Klient(innen) in der pflegerischen Versorgung. *Pflegewissenschaft, 6*, 325–333.

Brehm, J. W. (1966). *A theory of psychological reactance.* New York: Academic Press.

Chaiken, S.; Liberman, A.; Eagly, A.H. (1989): Heuristic and systematic information processing within and beyond the persuasion context. In: Uleman, J.S. & Bargh, J.A. (eds.): *Unintended thought,* New York: Guilford, S. 212-252.

Compton, J.; Jackson, B. & Dimmrock, J.A. (2016): Persuading Others to Avoid Persuasion: Inoculation Theory and Resistant Health Attitudes. *Frontierts in Psychology,*7, 122, https://doi.org/10.3389/fpsyg.2016.00122

Fishbein, M. & Ajzen, I. (1975): *Belief, attitude, intention, and behavior.* Reading, MA: Addison-Wesley.

Güttler, P. O. (2003). *Sozialpsychologie. Soziale Einstellungen, Vorurteile, Einstellungsänderungen.* München, Wien: R. Oldenbourg Verlag.

Greenwald, A. G. (1968). Cognitive learning, cognitive response to persuasion, and attitude change. In A. G. Greenwald, T. C. Brock, & T. M. Ostrom (Eds.), *Psychological foundations of attitudes.* New York: Academic Press, pp. 147–170.

Hovland, C. I., & Weiss, W. (1951). The influence of source credibility on communication effectiveness. *Public Opinion Quarterly,* 15, 635-650

Ivanov, B. (2012). Designing inoculation messages for health communication campaigns. In: Cho, H. (ed.): *Health Communication Message Design: Theory and Practice,* Thousand Oaks/CA, 73–93, https://doi.org/10.1080/10410236.2012.753674

Krings, F. & Kluge, A. (2008). Altersvorurteile. In Petersen, L.-E. & Six, B. (Hrsg.), *Stereotype, Vorurteile und soziale Diskriminierung* (S. 131–139), Weinheim: Beltz PVU.

McGuire, W. J. (1964): Inducing resistance to persuasion: some contemporary approaches. In Berkowitz, L. (Hrsg.), *Advances in Experimental Social Psychology.* Bd. 1 (S. 191–229), New York: Academic Press.

McGuire, W. J. (1985). Attitudes and attitude change. In G. Lindzey & E. Aronson (Eds.), *Handbook of social psychology,* 3rd ed., Vol. 2, New York: Random House, pp.233–346.

Petty, R. E. & Cacioppo, J. T. (1986). *Communication and persuasion. Central and peripheral routes to attitude change.* New York: Springer.

Petty, R. E., Wells, G. L., & Brock, T. C. (1976). Distraction can enhance or reduce yielding to propaganda: Thought disruption versus effort justification. *Journal of Personality and Social Psychology,* 34, 874–884.

Seligman, M. E. P. (2016). *Erlernte Hilflosigkeit* (5. Auflage). Weinheim: Beltz Verlag.

Six, U. (2007): Die Rolle von Einstellungen im Kontext des Kommunikations- und Medienhandelns. In Six, U., Gleich, U. & Gimmler, R. (Hrsg.), *Kommunikationspsychologie und Medienpsychologie* (S. 90–117), Weinheim: Beltz PVU.

Six-Materna, I. (2008). Sexismus. In Petersen, L.-E. & Six, B. (Hrsg.), *Stereotype, Vorurteile und soziale Diskriminierung* (S. 121–130), Weinheim: Beltz PVU.

Stroebe, W. (2014): Strategien zur Einstellungs- und Verhaltensänderung. In: K. Jonas, W. Stroebe, M. Hewstone (Hrsg.), *Sozialpsychologie*, Springer-Lehrbuch, Berlin Heidelberg: Springer-Verlag, S. 232–269, https://doi.org/10.1007/978-3-642-41091-8_6

Zick, A. & Küpper, B. (2008). Rassismus. In Petersen, L.-E. & Six, B. (Hrsg.), *Stereotype, Vorurteile und soziale Diskriminierung*, Weinheim: Beltz PVU, S. 111–120.

Messung von Einstellungen

Inhaltsverzeichnis

Die Ausführungen in diesem Kapitel basieren etwa zu einem Drittel auf dem Studienbrief von Garms-Homolová, V. (o. J.): Von der Kunst Leute zu durchschauen. Woher kommen meine und fremde Haltungen? Einstellungen und Urteilsbildung. Studienbrief der Hochschule Fresenius online plus GmbH. Idstein: Hochschule Fresenius online plus GmbH.

4

Nicht nur empirisch Forschende, sondern auch viele Praktikerinnen und Praktiker sind an der Messung von Einstellungen interessiert. In vielen Bereichen der Praxis will man über Einstellungen verschiedener Bevölkerungsgruppen informiert sein. Man will erfahren, ob sich Menschen für oder gegen Personen, politische Parteien und deren Entscheidungen und bestimmte (Konsum-)Güter aussprechen. Üblich ist die sogenannte Selbstauskunft. Die Zielpersonen werden gebeten, anzugeben, ob sie bestimmte Gruppen, deren Mitglieder oder aber ausgewählte Produkte mögen oder nicht mögen, wie angenehm/sympathisch oder unangenehm/unsympathisch ihnen diese sind. Dieses direkte, explizite Erfragen von Einstellungen heißt explizite Einstellungsmessung. In der Regel erfolgt sie mit einem Fragebogen oder mit verwandten Instrumenten. Oft sind diese nicht auf wissenschaftlicher Basis konstruiert. Ihre Ergebnisse sind meistens nicht eindeutig interpretierbar. Sie besitzen selten eine ausreichende „interne Validität". Ein spezielles Thema sind die impliziten Einstellungen, die nicht kognitiv gesteuert sind, sondern auf „gespeicherten Gedächtnisinhalten" basieren. Der Begriff implizite Einstellungen bezeichnet die Tendenz eines Individuums, etwas zu mögen oder abzulehnen, ohne dabei eine bewusste Bewertung vorzunehmen und verbal auszudrücken. Es ist eine eher unbewusste Reaktion, die sich nicht direkt erfragen lässt. Deshalb wird sie „indirekt gemessen" (Rudolph et al. 2006). Ein wichtiges Anwendungsgebiet dieser Messung ist die Vorurteilsforschung.

Nach eingehender Lektüre dieses Kapitels ...

— wird Ihnen bewusst, dass die Erfassung von Einstellungen auch im Alltag oft vorkommt,
— werden Sie die Herausforderungen der wissenschaftlichen Erfassung von Einstellungen kennen,
— wissen sie, wie sich explizite und implizite Einstellungen unterscheiden,
— können sie erläutern, warum man mit einem Fragebogen eher die subjektive Realität der Zielperson als die objektive Realität erfassen kann,
— sind Ihnen sie wichtigsten Charakteristika von Einstellungsfragebögen bekannt,
— sind Sie in der Lage, den Begriff psychologisches Konstrukt zu erläutern, gängigste Skalen zu benennen und zu charakterisieren,
— können sie sagen, wie bestimmte Antworttendenzen die Ergebnisse von Einstellungsbefragungen verfälschen,
— sind Ihnen zwei Methoden der Messung impliziter Einstellungen bekannt.

4.1   Prinzipien des methodischen Zugangs zu Einstellungen

Zwei Grundrichtungen bestimmen die Messung von Einstellungen (Abb. 4.1). Die grundlagenorientierte Forschung, d. h. Persönlichkeits- und Selbstkonzeptforschung, erfassen Einstellungen, um Erkenntnisse über das Individuum zu erhalten. Die gleiche Zielsetzung verfolgt auch die Personalpsychologie in der Wirtschaft, eine anwendungsorientierte Subdisziplin der Psychologie. Eine Reihe weiterer anwendungsorientierte psychologische Subdisziplinen (z. B. die Marktpsychologie oder Schulpsychologie) nutzt Einstellungsmessungen, um die Verhaltensabsichten von Zielperson zu erkennen,

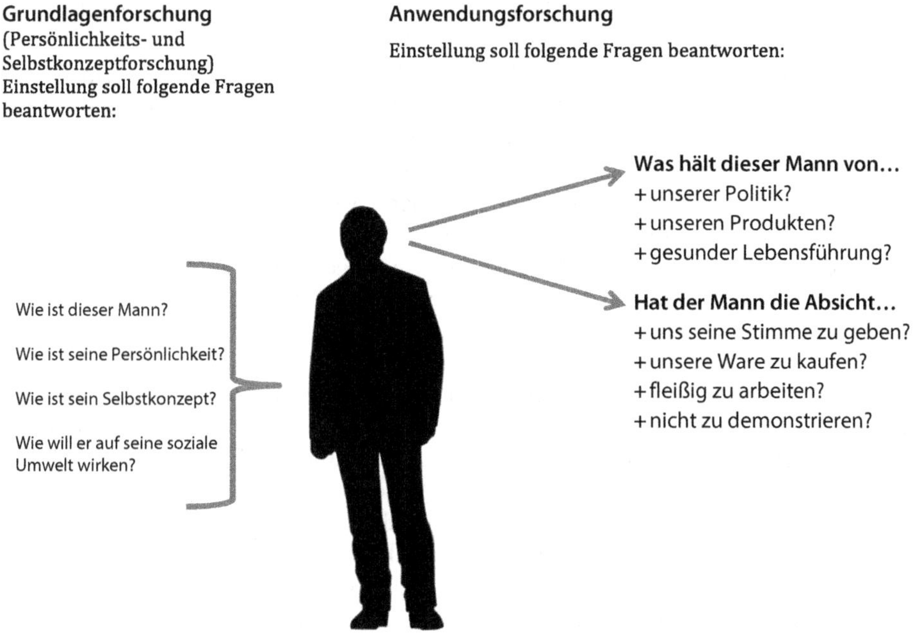

Grundlagenforschung
(Persönlichkeits- und
Selbstkonzeptforschung)
Einstellung soll folgende Fragen
beantworten:

Anwendungsforschung

Einstellung soll folgende Fragen beantworten:

Wie ist dieser Mann?

Wie ist seine Persönlichkeit?

Wie ist sein Selbstkonzept?

Wie will er auf seine soziale
Umwelt wirken?

Was hält dieser Mann von...
+ unserer Politik?
+ unseren Produkten?
+ gesunder Lebensführung?

Hat der Mann die Absicht...
+ uns seine Stimme zu geben?
+ unsere Ware zu kaufen?
+ fleißig zu arbeiten?
+ nicht zu demonstrieren?

◘ **Abb. 4.1**   Grundsätzliche Differenzen in der Aufmerksamkeitsrichtung (eigener Entwurf)

möglichst auch das Verhalten vorherzusagen und ggf. Maßnahmen zu entwerfen, um eine Änderung der Verhaltensabsichten oder ihre Stabilisierung zu erzielen.

4.1.1 Bedeutung des Fragebogens bei der Einstellungsmessung

Das wichtigste Instrument zur Erfassung von Einstellungen ist der *Fragebogen*. Fragebögen sind keine „objektiven" Messinstrumente. Sie sind in vielfacher Hinsicht *subjektiv*. Die Person, deren Einstellungen gemessen werden sollen, legt *einen subjektiven Maßstab* an. Nur sie bestimmt, wie und warum sie gerade diesen Maßstab wählt, ob ihr Urteil wirklich ihrer Überzeugung und ihrer subjektiven Norm entspricht, oder ob sie ihre Beurteilung (bewusst beziehungsweise halbbewusst und absichtlich oder unabsichtlich) manipuliert, zum Beispiel, um zu gefallen oder von einer übergeordneten Norm nicht abzuweichen. Hier zeigt sich, dass sich in den Einstellungen die *soziale Erwünschtheit* niederschlägt.

▶ **Beispiele**

Wenige Mitglieder der „Grünen-Partei" würden offen zugeben, dass sie die Idee der völlig autofreien Städte für inakzeptabel halten. Und welche Lehrerin würde zugeben, dass sie einige Kinder am liebsten verdreschen würde, weil sie sie für ungezogen hält? ◀

Die soziale Erwünschtheit führt zu *Verfälschungen und Verzerrungen der „wahren" Einstellungen.* Diese sind außerordentlich schwer nachprüfbar, obwohl eine ganze

Reihe von Strategien zur ihrer Kontrolle existiert (siehe z. B. Mummendey und Grau 2014, S. 174 ff und ► Abschn. 4.1.3 dieses Kapitels).

Die empirischen Studien, die die Einstellungen mit Fragebögen erforschen, können auf viele *verschiedene Techniken* zurückgreifen: Mündliche oder schriftliche Befragung, die von den Zielperson ausgefüllt wird oder mündliche Befragung durch eine Interviewerin/einen Interviewer. Die Dokumentation der Angaben von Zielpersonen differiert ebenso. Mehr und mehr werden Einstellungsbefragungen am Computer online oder offline durchgeführt. Einstellungsuntersuchungen können Individualbefragungen und Gruppenbefragungen sein. Letztere sind ein häufiges Mittel psychologischer Forschung in Schulen. Die Variationsbreite von Themen, zu denen Einstellungen erhoben werden, lässt sich kaum überschauen.

Einstellungsfragebögen sind – wie viele Arten von Fragebögen – *alltägliche Instrumente*, die man in zahlreichen Situationen ausfüllen muss. Beinahe jeder Mensch kann einen Fragebogen zusammenstellen, wenn er einige Fragen nach Vorlieben und Urteilen aneinanderreiht. In der wissenschaftlichen Einstellungsforschung werden jedoch Fragebögen benötigt, die geeignet sind, *zuverlässige und aussagefähige Ergebnisse* zu ermitteln. Sie sollten sorgfältig konstruiert, damit sie strengen methodischen Anforderungen genügen. Für die Konstruktion von Einstellungsfragebögen gelten Grundsätze der Testtheorie (Moosburger und Kelava 2012), obwohl die Einstellungsfragebögen das Qualitätsniveau von Tests selten erreichen.

Quantitative Einstellungsuntersuchungen nutzen vorformulierte Fragen oder Behauptungen. In der qualitativen Einstellungsforschung arbeitet mit teilstrukturierten Leitfäden oder offenen Fragen ohne irgendwelche Vorgaben. Hans Dieter Mummendey und Ina Grau (2014) meinten, dass psychologische Fragebögen *verbale Berichte auf sprachlich vorgegebene Reize* sind. Diese Definition bezieht sich im Wesentlichen *auf quantitative* beziehungsweise *psychometrische* Fragebögen mit Antwortvorgaben, also auf die sogenannten *strukturierten Fragebögen*. Sie zeichnen sich durch folgende Charakteristika aus:

- Die Fragen werden in der Regel **Items** genannt. Der Begriff Item stammt aus dem lateinischen. Im allgemeinen Sprachgebrauch und in anderen Disziplinen bedeutet der Begriff ein Teilchen, ein Element oder einen Punkt. In der Psychologie kann das Item auch einen *Reiz* darstellen, der von der Zielperson eine Reaktion erfordert. Diese Auslegung deutet sich auch in der o. g. Definition von Mummendey und Grau (2014) an.
- Die **Antwortvorgaben** in den Fragebögen sind sprachlich klar *strukturiert*. Auf diese Weise können von allen Zielpersonen vergleichbare Antworten erwartet werden.
- **Sprachliche Antworten** – ob nun schriftlich oder verbal geäußert – werden erwartet.
- Bei der Auswertung geht es meistens nicht um Einzelantworten auf Einzelfragen. Viel öfter werden die Antworten und Angaben **zusammengefasst,** und zwar entweder zu einem *Messwert* (Score) oder zu einer *Skala*, mit dem oder mit der ein psychologisches *Konstrukt* beschrieben und erklärt wird (◻ Tab. 4.1). **Konstrukte** sind Sammelbegriffe, die insbesondere für Einstellungen, Reaktionsdispositionen, Interessen und Verhaltensweisen verwendet werden (Mummendey und Grau 2014, S. 13).

▫ Tab. 4.1 Skalen für explizite Einstellungsmessungen

Eindimensionale Skalen

Guttmann-Skala	Diese Skala misst die Einstellungen zu Objekten oder Personen. Die befragten Zielpersonen bejahen oder verneinen vorgelegte Aussagen, die „hierarchisch" geordnet sind. Die „normalste" Aussage steht am Anfang, die ausgefallenste am Ende. In anderen Tests, die nach dieser Skala verfahren, geht es um Lösungen. Die einfachste ist am Anfang, die Komplizierteste am Ende.	Diese Skala, die als eine „perfekte Skala" angesehen wird, wird wegen ihrer Kompliziertheit selten verwendet. Bortz und Döring (2002) präsentiert in Anlehnung an andere Autorinnen/Autoren als Beispiel die Skala von Einstellungen zur vorehelichen Sexualität. „Petting" steht am Anfang, uneingeschränkte Sexualbeziehungen am Schluss. Es wird angenommen, dass die Bejahung dieses End-Items (uneingeschränkter vorehelicher Sex) zugleich die Bejahung der vorangehenden Items (z. B. Petting) implizieren müsste.
Likert-Skala	Diese Skala wurde ursprünglich für die Messung von Selbstbewertungen und Einstellungen entwickelt. Sie wird gebildet, wenn die Items des Tests bewertet und die für jedes Item (Likert-Items) erreichten Bewertungspunkte addiert werden. Das Ergebnis ist rangskaliert, in bestimmten Fällen bildet es eine Intervallskala.	Beispiel für ein Likert-Item: Im Grunde bin ich mit mir selbst zufrieden (stimme voll zu, stimme zu, stimme eher nicht zu, stimme überhaupt nicht zu). Die Antwortvorgaben sollen – wie in diesem Fall – symmetrisch formuliert werden. Wenn es sinnvoll ist, wird auch eine mittlere Skalenkategorie (weder/noch) verwendet.
Thurstone-Skala	Diese Skala wurde einst für die Bewertung von Behauptungen über Einstellungen konstruiert.	Typisch sind eine große Anzahl von Items und eine relativ hohe Anzahl von Ausprägungen jedes einzelnen Merkmals (Bortz und Döring 2002, S. 151).

Mehrdimensionale Messung

Semantisches Differenzial	Das semantische Differenzial wurde entwickelt, um Einstellungen zu verschiedenen Objekten (Menschen und Sachen, Strukturen etc.) auf einer gemeinsamen Skala zu messen (Osgood et al. 1957).	Die Messung erfolgt mit bipolaren Adjektivskalen mit fünf, sieben o.ä. Kategorien. Die Zielpersonen stufen das Objekt ihrer Einstellung ein. Sie kreuzen die Stufe an, die ihrer Einstellung am meisten entspricht. Die bipolaren Begriffe sind z. B. gut – schlecht, unangenehm – angenehm, zufrieden – unzufrieden usw.

(Fortsetzung)

4

◻ **Tab. 4.1**   (Fortsetzung)

Fishbein Modell (Einstellungsmodell nach Fishbein)	Mithilfe des Fishbein Modells wird die Einstellung der Zielperson gegenüber verschiedenen Alternativen gemessen (Fishbein und Ajzen 1975). Oft dient es dem Vergleich von Einstellungen zu Produkten, Dienstleistungen etc. in der Marktpsychologie. Zunächst werden Merkmale des Einstellungsobjekts festgelegt. Dann wird gefragt, wie wahrscheinlich es nach Meinung der Zielperson ist, dass das Objekt dieses Merkmal tatsächlich besitzt? Und schließlich: Wie bewertet die Zielperson den Umstand, dass das Objekt das Merkmal besitzt.	Beispiel: Bewertung verschiedener Brotarten. Festgelegt werden Merkmale: Frische, Geschmack, Knusprigkeit, Haltbarkeit, Preis. Die Zielperson bewertet Brote von Bäckerei X, Bäckerei Y, von Aldi und von Lidl. Dafür benutzt sie eine Skala von 1 (bester Wert) bis 10 (schlechtester Wert). Es werden kumulative Werte für jedes Produkt und mithilfe einer Formel auch Vergleichswerte berechnet.

- Wissenschaftliche Einstellungsfragebögen werden **statistischen Überprüfungen** unterzogen. So wird sichergestellt, dass deren Items, Skalen und ebenso Gesamtfragebögen „*messgenau*" sind, eine akzeptable bis gute *Validität* (Aussagekraft und Gültigkeit) und *Reliabilität* (Zuverlässigkeit) aufweisen.
- Einstellungsfragebögen können jedoch nicht in dem Maße **standardisiert** werden, dass sie an die Standardisierung der Tests heranreichen würden (Moosburger und Kelava 2012). Einige Expertinnen/Experten bezweifeln, dass man mit Fragebögen zuverlässige Aussagen erhalten kann.

Allerdings ist die Bewertung psychologischer Fragebögen und speziell der Einstellungsfragebögen uneinheitlich. Manche Forschende betrachteten sie als ebenbürtig zu psychologischen Tests, an deren psychometrische Eigenschaften hohe Ansprüche gestellt werden (Eysenck 1953). Andere verweisen auf die Subjektivität und Instabilität der Angaben von Zielpersonen, die dazu führen, dass die Angaben nichts über die „wahre" Einstellung aussagen und vielfach nur die sozial erwünschten Ansichten präsentieren.

4.1.2 Einstellungen sind sozialpsychologische Konstrukte

Einstellungen sind psychologische Konstrukte (wie z. B. Intelligenz oder Angst). Das bedeutet, dass sie nicht direkt gemessen (oder beobachtet und erfragt) werden können. Sie existieren nur hypothetisch. Es bedarf einer gedanklichen Hilfskonstruktion, nach der das Konstrukt mithilfe von erfassbaren (messbaren/beobachtbaren) Merkmalen beschrieben wird. Diese Merkmale müssen quantifizierbar und operationalisierbar sein. Man muss quantitative Kriterien angeben, mit denen man die Ausprägungen der Merkmale erfassen kann.

Explizite Einstellungen werden durch Selbstbeurteilung erfasst. Die Einstellungsmaße werden skaliert, das bedeutet, dass die verwendeten Maßstäbe zusammengefasst und angepasst werden. Verwendet werden eindimensionale Skalen und mehrdimensionale Messungen.

4.1.3 Antworttendenzen, die es erschweren, „wahre Einstellungen" aufzudecken

Verzerrende Antworttendenzen (Response Bias) bei Einstellungsbefragungen sind systematische Abweichungen der berichteten Angaben von den tatsächlichen Angaben und Werten der Zielperson (Bogner und Landrock 2015). Am häufigsten kommen vor:

1. **Response Bias** aufgrund **sozialer Erwünschtheit**: Die Zielperson antwortet so, dass sie einen positiven Eindruck über die eigene Person vermittelt. Sie präsentiert die Übereinstimmung mit Normen ihrer Bezugsgruppe, oder der Gemeinschaft, je nachdem, wie es opportun ist. Durch das sozial erwünschte Antwortverhalten entstehen systematische Messfehler, welche die Interpretierbarkeit von Randsummen, individuellen Unterschieden und statistischen Zusammenhängen auf Basis dieser Daten gefährden. Daher beschäftigen sich zahlreiche Studien mit der Entwicklung von Skalen zur Messung der Sozialen Erwünschtheit, mit dem Ziel, diese zur Kontrolle der Konfundierung der Daten einzusetzen (Kemper et al. 2012). Von diesen Autoren stammt eine aus sechs Items bestehende **Kurzskala für soziale Erwünschtheit (KSE-G)**, die sowohl in deutscher als auch in englischer Sprache entwickelt wurde (Kemper et al. 2012).

2. **Response Bias** aufgrund der **Akvieszenz**: Die Akvieszenz ist ein strategisches Verhalten von Zielpersonen, die andere Menschen zufriedenstellen wollen. Zugestimmt wird unabhängig vom Inhalt der jeweiligen Frage (Krosnick 1991). Die Zielpersonen neigen dazu, den positiv formulierten Kategorien zuzustimmen („Wahr" oder „stimmt" oder „Ja"). So entstehen systematische Verzerrungen. Akvieszenz kann z. B. der Höflichkeit der Zielperson geschuldet sein, da es angenehmer ist zuzustimmen als zu widersprechen. Oft ist die Akvieszenz ein Ausdruck einer Abhängigkeit. Wenn bei einer Betriebsbelegschaft die Einstellung zum Führungsverhalten Vorgesetzter erfragt wird, kann man annehmen, dass viele Mitarbeiterinnen und Mitarbeiter positiv strategisch antworten. Ähnlich bei Schulbefragungen oder Befragungen von Patientinnen und Patienten über ihre Einstellung zum Krankenhaus, in dem sie aktuell behandelt werden.
Mit Hilfe ausgeglichener, balancierter Skalen (Balanced Scales, Billiet und Davidov 2008) kann Akvieszenz identifiziert und auch kontrolliert werden. In den „Balanced Scales" ist die Hälfte der Items positiv gerichtet und die andere Hälfte negativ gerichtet. Einer Behauptung folgt anschließend eine gegenteilige Behauptung. Mit diesem Vorgehen soll die Gefahr der Akvieszenz verringert werden.

3. **Response Bias** aufgrund der **Tendenz zu Mitte** bezeichnet die Neigung von Zielpersonen, eine eindeutige Entscheidung zu vermeiden und indifferente

Antworten zu geben. Diese Tendenz zur Mitte wird verstärkt, wenn eine mittlere Kategorie angeboten wird, z. B. gefällt mir sehr, gefällt mir, **weder/ noch**, missfällt mir, missfällt mir sehr.

Neben der Kurzskala für soziale Erwünschtheit (KSE-G) (Kemper et al. 2012) liegen weitere Erwünschtheitsskalen vor. Die typischen, in diesen Instrumenten verwendeten Items sind z. B. „Ich habe schon einmal die Unwahrheit gesagt." oder ein Item mit einer unwahrscheinlichen positiven Selbsteinschätzung „Ich bin immer pünktlich.". Ermittelt wird das Ausmaß der Übertreibung der Antworten nach der sozialen Erwünschtheit mithilfe der Verneinung beziehungsweise Bejahung dieser Fragen. Die Kontrolle soll bereits bei der Item-Konstruktion und Item-Auswahl geplant werden und auch bei der Fragebogenauswertung zum Tragen kommen.

Eine weniger bekannte Art der Kontrolle sozialer Erwünschtheit ist die Benutzung von *„Faking-Instruktionen"* (Mummendey und Grau 2014, S. 185). Der Autor und die Autorin übersetzten diesen Begriff mit „Abweichungsinstruktion". Die Zielpersonen werden aufgefordert, sich bei der aktuellen Fragebogenbeantwortung wirklich zu verstellen, zum Beispiel absichtlich *sehr positive Einstellungen* zu problematischen oder zu den von Vorurteilen betroffenen Personen und Objekten anzugeben (Drogenkonsum, Prostitution etc.). Bei übertrieben positiven Angaben wird diese Verfahrensweise „faking-good" genannt. Danach werden die Antworten mit der Fragebogenbeantwortung durch eine Kontrollgruppe verglichen, die keine Instruktion „sich zu verstellen" erhielt. Mittels eines Vergleichs werden die *Items identifiziert, die für eine „Verfälschung" besonders anfällig sind* (Mummendey und Grau 2014, S. 185).

Ein Verfahren, das speziell entwickelt wurde, um zu beurteilen, ob ein Urteil tatsächlich der individuellen Einstellung der Person entspricht, ist die sogenannte *Bogus-Pipeline-Technik* (Jones und Sigall 1971). Die Befragungsteilnehmerinnen und Befragungsteilnehmer werden an ein Messinstrument angeschlossen, das wie ein Lügendetektor aussieht. Die Zielpersonen werden instruiert, dass dieses Instrument ihre wahren Einstellungen sowie ihre Persönlichkeit erfassen kann. Sie sollen die Antworten lediglich „vorsagen". Jedoch hat das Gerät keine echten Ableitungen, mit denen psychophysiologische Parameter erfasst werden könnten. Dennoch sind die Probandinnen und Probanden überzeugt, dass der „Lügendetektor" tatsächlich arbeitet und ihre unwahren Antworten entlarven könnte. Der Anteil von „ehrlichen" und korrekten Antworten soll auf diese Weise steigen. Dieses Gerät wird bei der Messung von Vorurteilen gegenüber Angehörigen anderer Ethnien verwendet (Beispiel bei Mummendey und Grau 2014, S. 188). Viele Studien lassen jedoch Zweifel an der Effektivität der Bogus-Pipeline-Technik aufkommen (Beispiele bei Degner und Wentura 2008). Problematisch ist auch die *„Unehrlichkeit"* der Methode. Man fragt sich, ob es angemessen ist, die „wahren" Einstellungen, die eine Person intentional oder unabsichtlich zu verbergen sucht, mit einer Methode aufzudecken, die selbst etwas anderes vortäuscht, als sie tatsächlich misst.

Trotz aller Bedenken sind Fragebögen als empfindliche Messinstrumente die Methode der ersten Wahl. Ihre Anfälligkeit für Verfälschungen muss nicht immer ein Nachteil sein. Durch systematische Variation der Untersuchungsbedingungen und der Fragebogen-Items lassen sich unterschiedliche Reaktionen der befragten

Personen herbeiführen. Der Fragebogen eignet sich somit hervorragend als „Forschungsinstrument" (Mummendey und Grau 2014, S. 200–201). Gleichzeitig unterstreichen Mummendey und Grau (2014), dass Fragebögen nicht geeignet sind, „konkret unabhängige, wahre Einstellungen" zu erfassen, weil Einstellungen niemals **kontextunabhängig** sind. Auch diese Tatsache schmälert gewissermaßen die Chance, Einstellungen zur Vorhersage des realen Verhaltens zu verwenden.

Neuere Forschungsansätze **akzeptieren** sowohl **die Subjektivität** als auch die Verzerrungen. Beide spiegeln *„die mehr oder weniger überdauernden geäußerten subjektiven Sichtweisen eines Individuums von sich selbst"* (Mummendey und Grau 2014, S. 192) und sind deshalb eigentlich funktional, wenn es um die Erforschung der Persönlichkeit der Zielperson geht. Die geäußerte Einstellung informiert vor allem über das Selbstkonzept der Zielperson, weniger über die Einschätzungen, Präferenzen und Beurteilungen, die diese Zielperson über andere Personen oder Objekte hegt. Charakteristisch ist dabei die allgemeine Tendenz von Zielpersonen, sich kontinuierlich „besser" zu präsentieren, als sie objektiv sind. Das wird nicht als ein Bias aufgefasst. Es ist einfach das *Selbstbild* der Zielperson, die sich selbst in der Beziehung zu anderen Menschen oder Objekten **reflektiert**. Es scheint normal zu sein, dass dabei die Tendenz zur einer geschönten Selbstpräsentation durchschimmert. Die mit dem Selbstkonzept arbeitenden Forscherinnen und Forscher bemühen sind nicht, hinter der positiven, geschönten Selbstdarstellung ‚die wahre Person' zu entdecken. Sie ziehen die Selbstdarstellung oder Selbstbeschreibung nicht in Zweifel. Vielmehr sehen sie in ihnen einen Teil des individuellen Selbstkonzepts. Während in verschiedenen Befragungen viele Bemühungen unternommen werden, die *Fehler und Verzerrungen* der Selbstdarstellung auszuschalten, ist die *Selbstpräsentation des Individuums* in solchen Studien der eigentliche Gegenstand der Selbstkonzeptforschung.

4.2 Messung impliziter (unbewusster) Einstellungen

Speziell die sogenannten *impliziten Einstellungen, die nicht kognitiv gesteuert sind,* sondern auf „gespeicherten Gedächtnisinhalten" basieren, gelten als konsistent und stabil (Fazio und Olson 2003). Mit dem Begriff *implizite Einstellungen* wird die *Tendenz* eines Individuums bezeichnet, etwas zu mögen oder abzulehnen, **ohne** dabei eine bewusste Bewertung vorzunehmen und verbal auszudrücken. Es ist eine eher **unbewusste** Reaktion, die sich kaum bewusst korrigieren lässt. Und vor allem: Sie lässt sich nicht direkt erfragen. Deshalb wird sie „indirekt gemessen" (Rudolph et al. 2006).

Ein Messverfahren ist das sogenannte **Evaluative bzw. Affective Priming** (Fazio et al. 1995). Es ist das älteste Verfahren zum Nachweis automatischer Bewertungsaktivierungen. Bei diesem Verfahren haben Zielpersonen die Aufgabe, positive und negative Stimuli (Targets) möglichst schnell per Tastendruck hinsichtlich ihrer Bewertung (Valenz) zu kategorisieren. Kurz vor jedem Target (z. B. 200 Millisekunden) wird ein weiterer Stimulus (Prime) eingeblendet, der von der Zielperson zu ignorieren ist. In den ursprünglichen Experimenten waren diese Primes entweder klar positiv oder negativ. Der affektive Priming-Effekt besteht darin, dass im Durchschnitt dann schneller reagiert wird, wenn Prime und Target in ihrer Bewer-

tung übereinstimmen, als wenn Prime und Target inkongruent sind. Es wird vor-
geschlagen, einstellungsrelevante (oder vorurteilsverdächtige) Stimuli als Primes
einzusetzen (z. B. Bilder afro-amerikanischen Personen – vgl. Fazio et al. 1995)
und entsprechende Priming-Effekte als Indikator für persönliche Einstellungen der
Zielpersonen zu interpretieren.

4

Eine andere (modernere) Methode ist der sogenannte **Implizite Assoziationstest** geschehen (IAT – vgl. Greenwald et al. 1998), der sich einer psychophysiologi-
schen Messung bedient. In der Psychologie erfreut sich der IAT einer wachsenden
Popularität.

Auch der IAT misst implizite Einstellungen durch die Erfassung von Reaktionszeiten. So zum Beispiel wird im Falle der *Selbstkonzepts beziehungsweise der
Selbstwertgefühl*untersuchung der *implizite Selbstwert* so erfasst, dass man die Ge-
schwindigkeit der Reaktionen auf die Verknüpfung zwischen zwei Objektdimensionen „selbstrelevant (ich)" und „nicht selbstrelevant (nicht-ich)" auf der einen und
auf der anderen Seite zwei Attributdimensionen „angenehm (positiv)" und „unan-
genehm (negativ)" misst (Rudolph et al. 2006, S. 154). Die Zielperson wird aufgefordert zwei Tasten zu drücken. Sie soll für eine der Objektdimensionen (z. B. *ich*)
und eine der Attributdimensionen (z. B. positiv) *eine Taste* (z. B. links) drücken
und für die andere Objektdimension (z. B. *nicht-ich*) und die andere Attributdimension (z. B. negativ) *eine andere Taste* (z. B. rechts) drücken. Nach einer festge-
legten Anzahl von Durchläufen wird die Belegung der Tasten gewechselt. Damit
wird die linke Taste mit der Objektdimension *ich* und der Attributdimension „negativ" belegt, während die rechte Taste mit der Objektdimension *nicht-ich* und der
Attributdimension „positiv" belegt ist. Gemessen werden die **Reaktionszeiten** der
Antworten und die **Korrektheit** der Antworten. Es wird angenommen, dass den
Teilnehmerinnen/Teilnehmern die Aufgabe leichter fällt, wenn die Objekt- und Attributdimensionen auf einer Taste *stark assoziiert* sind, also als zusammengehörig
empfunden werden. Deshalb sind sie beim Drücken dieser Taste schneller und die
Reaktionszeit wird kürzer. Die Annahme lautet: Schätzt sich die Zielperson positiv
ein, so wird sie schneller, wenn sie bei den Attributdimensionen Worte wie „glück-
lich, angesehen, klug, gutaussehend" zusammen mit dem „ich" präsentiert bekommt. Hat die Zielperson jedoch ein geringes Selbstwertgefühl, wird sie schneller,
wenn sie die Taste zu drücken hat, auf der sie mit „ich" negative Attributdimensionen verbunden sieht, z .B. „unglücklich, Versager, allein".

Dieser Test wird einerseits verwendet, um Einstellungen zur eigenen Person
(Selbst, Selbstwert, Selbstkonzept), andererseits **persönliche Vorurteile** (z. B. über
Geschlechter, Hautfarbe, Länder usw.) zu messen (Greenwald et al. 1998; vgl.
▶ https://implicit.harvard.edu/implicit/germany/selectatest.jsp).

4.3 Vorurteilsmessung

Vorurteile sind Einstellungen – deshalb eignen sich die Methoden, die für die Einstellungsmessung verwendet werden, prinzipiell auch für die Messung von Vorurteilen.
Aber es gibt doch gewisse Unterschiede, die in diesem Abschnitt angesprochen wer-

den sollen. Ansonsten wird das Thema „Vorurteils- und Stereotypenerfassung" üblicherweise im Zusammenhang mit dem Thema „Vorurteile" behandelt.

Ein Vorurteil ist eine ablehnende, feindliche Einstellung gegenüber Personen und sozialen Gruppen (Allport 1971). Nicht in allen Situationen sind Menschen bereit, diese Einstellungen kundzutun; eher werden bei Befragungen die **sozial erwünschten Antworten** gegeben. Würde die Vorurteilsmessung oberflächlich erfolgen, würde sie wenig erfolgreich sein. Nur wenn die Sozialpsychologinnen und Sozialpsychologen die sogenannten *„expliziten Vorurteile"* messen wollen (Degner und Wentura 2008), die sich auf offene Überzeugungen und Werte einer Person beziehen, können sie diese Person bitten, ihre Überzeugungen zu verbalisieren. Da reicht es „abzufragen". Daraus lassen sich Überzeugungsstrukturen und deren Wirkung auf das Handeln des Individuums nachzeichnen. Degner und Wentura (2008, S. 151) nennen als Beispiel das *„Einstellungsthermometer"* (Campbell 1971), bei dem auf einer Skala von 0 bis 100 angegeben wird, welche Gefühle eine potenziell vorurteilsbehaftete soziale Gruppe oder ein Individuum (z. B. eine verschleierte Frau) bei Untersuchungsteilnehmerinnen/Untersuchungsteilnehmer auslöst.

Um sich der Frage zu nähern, ob die Vorurteile auch eine Verhaltensrelevanz haben, wurden komplexere Methoden entwickelt. Forschende müssen jedoch auch bei diesen Methoden in jedem Fall damit rechnen, dass die Ergebnisse nur eine *ungenaue Auskunft* über die tatsächlichen Vorurteile geben, weil die soziale Erwünschtheit, politische Korrektheit sowie soziale Normen der Mehrheitsgesellschaft ihren Einfluss in jedem Fall behalten.

? **Fragen**
1. Mit welchen Instrumenten werden explizite Einstellungen am häufigsten erfasst?
2. Die Forschungs-Community bewertete und bewertet das Instrument „Fragebogen" unterschiedlich. Warum?
3. Was ist ein semantisches Differenzial?
4. Erläutern Sie den Begriff „Tendenz zur Mitte".

✓ **Antworten**
1. Fragebögen sind die wichtigsten Instrumente zur Erfassung von (expliziten) Einstellungen.
2. Mit den Fragebögen werden nur subjektive Antworten erfasst. Das führt zu Verzerrungen. Nicht die wahre Einstellung wird angegeben, sondern die absichtlich oder unabsichtlich verfälschte Urteile und Meinungen. Die Objektivität der Angaben lässt sich nicht kontrollieren. Am häufigsten kommt die sogenannte soziale Erwünschtheit zum Tragen. Deshalb reichen Fragebögen nicht an die Qualität der Tests heran, obwohl wissenschaftliche Fragebögen nach der Testtheorie konstruiert werden. Einige Wissenschaftlerinnen und Wissenschaftler nehmen jedoch an, dass Fragebögen zwar wenig über die Einstellungen, vielmehr aber (aufgrund der Subjektivität) über die Person des Einstellungsträgers aussagen.
3. Semantisches Differenzial ermöglicht die Messung von Einstellungen zu verschiedenen Objekten (Menschen, Produkten, Diensten) auf einer gemeinsamen Skala. Die Messung erfolgt mit bipolaren Adjektivskalen mit fünf, sieben o. ä. Kategorien.

4. Tendenz zur Mitte bezeichnet die Neigung von Zielpersonen, eine eindeutige Entscheidung bei der Beantwortung von Fragen zu vermeiden und indifferente Antworten zu geben. Diese Tendenz zur Mitte wird verstärkt, wenn eine mittlere Kategorie angeboten wird.

4

❓ Reflexionsaufgabe

Führen Sie den Impliziten Assoziationstest (IAT) durch, um Ihre Tendenz zur Stereotypisierung aufgrund von Hautfarbe probeweise zu messen: ▶ https://implicit. harvard.edu/implicit/germany/selectatest.jsp.

Im Demo-Programm werden verschiedene Alternativen angeboten, um Ihre impliziten Einstellungen zu überprüfen. Weil die Frage, ob es in Deutschland eine Diskriminierung gibt, die von der Hautfarbe abhängig ist, gerade intensiv diskutiert wird, schlagen wir Ihnen vor, das letzte BUTTON mit der Überschrift Hautfarbe zu wählen. Sie können ihre Fähigkeit überprüfen, hell- und dunkelhäutige Gesichter zu unterscheiden.

Führen Sie bitte den Test gemäß den Anweisungen durch.

a. Wie sind Sie durchgekommen?

b. Gehen zu zur letzten Seite, zu den Normen. Vergleichen Sie Ihr eigenes Ergebnis mit diesen Normen. Wie ist Ihr Ergebnis ausgefallen? Gleichen Ihre Einstellungen der Mehrheit der Teilnehmenden? Oder unterscheiden sie sich, und in welcher Weise?

In diesem Test zeigt sich das Maß der bewussten Kontrolle der üblicherweise automatisch aktivierten stereotypisierenden Meinungen. Die Autorinnen und Autoren des Tests sagen, dass es um die Unterscheidung von "nicht wollen" und "nicht können" beim Unterdrücken unerwünschter Einstellungen geht (Greenwald et al. 1998). Der implizite Assoziationstest misst die impliziten Einstellungen, welche die Menschen nicht angeben wollen oder können.

Zusammenfassung und Fazit

Dieses Kapitel ist den Grundsätzen der Einstellungsmessung gewidmet. Das wichtigste Instrument zur Erfassung von Einstellungen ist der Fragebogen, eine Methode, die sehr häufig verwendet wird, aber keinen guten Ruf hat. Fragebögen sind keine „objektiven" Messinstrumente: sie erfassen subjektive Angaben und Selbstberichte. Das kann zu verschiedenen Verzerrungen führen. Mit den Fragebögen werden die Einstellungen direkt und explizit erfragt. Ein spezielles Thema sind die sogenannten impliziten Einstellungen, die nicht kognitiv gesteuert sind, sondern auf „gespeicherten Gedächtnisinhalten" basieren. Der Begriff implizite Einstellungen bezeichnet die Tendenz eines Individuums, etwas zu mögen oder abzulehnen, ohne dabei eine bewusste Bewertung vorzunehmen. Es ist eine eher unbewusste Reaktion, die sich nicht direkt erfragen lässt. Deshalb wird sie „indirekt gemessen" (Rudolph et al. 2006). Ein wichtiges Anwendungsgebiet dieser Messung der impliziten Einstellungen ist die Vorurteilsforschung.

Literatur

Allport, G. M. (1971). *Die Natur des Vorurteils*. Köln: Kiepenheuer & Witsch.

Billiet, J. B., & Davidov, E. (2008). Testing the stability of an acquiescence style factor behind two inter-related substantive variables in a panel design. *Sociological Methods & Research*, 36, 542-562.

Bogner, K. & Landrock, U. (2015): *Antworttendenzen in standardisierten Umfragen*. Gesis Survey Guidelines, Leibnitz-Institut für Sozialwissenschaften, https://www.gesis.org/fileadmin/upload/SDMwiki/Archiv/Antworttendenzen_Bogner_Landrock_11122014_1.0.pdf

Bortz, J. & Döring, N. (2002). *Forschungsmethoden und Evaluation für Sozialwissenschaftler*. Berlin, Heidelberg, New York: Springer.

Campbell, D. T. (1971). *Methods for the experimenting society. Paper presented to the Eastern Psychological Association & to the American Psychological Association,* April 17, 1971, Washington, D.C.

Degner, J. & Wentura, D. (2008). Messung von Vorurteilen. In: Petersen, E.-L. & Six, B. (Hrsg.), *Stereotype, Vorurteile und soziale Diskriminierung. Theorien, Befunde und Interventionen*, Weinheim: Beltz PVU, S. 149–158.

Eysenck, H.J. (1953): Fragebogen als Messmittel der Persönlichkeit. Zeitschrift für experimentelle und angewandte Psychologie, 1, S. 291–335

Fazio, R. H., Jackson, J. R., Dunton, B. C. & Williams, C. J. (1995). Variability in automatic activation as an unobtrusive measure of racial attitudes: a bona fide pipe-line? *Journal of Personality and Social Psychology*, 69, 1013-1027.

Fazio, R. H., & Olson, M. A. (2003). Implicit measures in social cognition research: Their meaning and use. *Annual Review of Psychology*, 54, 297–327.

Fishbein, M. & Ajzen, I. (1975): *Belief, Attitude, Intention and Behavior: An Introduction to Theory and Research*. Harlow: Longman Higher Education.

Greenwald, A.G.; McGhee, D.E.; Schwartz, J.L.K. (1998): Measuring individual differences in implicit cognition. The implicit Association Test. *J. of Personality and social psychology*, 74, 1464-1480

Jones, E. & Sigall, H. (1971). The Bogus Pipeline: A new paradigm for measuring affect and attitude. *Psychological Bulletin*, 76 (5), 349–364.

Kemper, C. J., Beierlein, C., Bensch, D., Kovaleva, A., & Rammstedt, B. (2012). Eine Kurzskala zur Erfassung des Gamma-Faktors sozial erwünschten Antwortverhaltens. Die Kurzskala Soziale Erwünschtheit-Gamma (KSE-G). *GESIS-Working Papers*, Nr. *2012|25*. Köln: GESIS – Leibniz Institut für Sozialwissenschaften.

Krosnick, J. A. (1991). Response strategies for coping with the cognitive demands of attitude measures in surveys. *Applied Cognitive Psychology*, 5, 213-236.

Moosburger, H. & Kelava, A. (2012): *Testtheorie und Fragebogenkonstruktion*. Berlin, Heidelberg, New York: Springer.

Mummendey, H.D. & Grau, I. (2014): *Die Fragebogen-Methode*. Göttingen: Hogrefe, 6. korrigierte Auflage

Osgood, C. E., Suci, G. J., & Tannenbaum, P.H. (1957). The measurement of meaning. Univer. Illinois Press.

Rudolph, A.; Schröder, M.; Schütz, A. (2006): Ein Impliziter Assoziationstest zur Erfassung von Selbstwertschätzung. In: Ortner, T.M.; Proyer, R.T.; Kubinger, K.D. (Hrsg.): *Theorie und Praxis Objektiver Persönlichkeitstests*. Bern: Verlag Hans Huber, S. 153-163.

Serviceteil

© Springer-Verlag GmbH Deutschland,
ein Teil von Springer Nature 2020
V. Garms-Homolová, *Sozialpsychologie der Einstellungen und
Urteilsbildung*, Psychologie für Studium und Beruf,
https://doi.org/10.1007/978-3-662-62434-0

Stichwortverzeichnis

FLEXIBEL, DIGITAL, ZUKUNFTSORIENTIERT

Seit 1848 bietet die Hochschule Fresenius ihren Studierenden ein umfangreiches Angebot an praxisnahen Studiengängen und modernen Fachbereichen. Die Hochschule zeichnet sich nicht nur durch zeitgemäße Präsenzlehre aus, sondern auch als Mixed Mode University mit unterschiedlichen Formaten, die sich den zeitlichen Ansprüchen der Studierenden anpassen und dabei ortsunabhängig absolviert werden. Beruf und Studium werden auf diese Weise flexibel verbunden und durch staatlich anerkannte Abschlüsse abgerundet. Der digitale Campus ist das Herzstück des Studiums. Hier wird die Lehre unter anderem durch (Live-) Webinare, Videos und Infografiken vermittelt. Dabei kommt der Austausch mit Kommilitonen und Dozierenden selbstverständlich nicht zu kurz. Unterstützung gibt es zusätzlich durch moderne studymags, die die Inhalte anreichern und nahbar machen. Die studymags dienen als Grundlage für diese Lehrbuchreihe.

HS-FRESENIUS.DE/FERNSTUDIUM

Printed in the United States
By Bookmasters